La radio
y Ciudad Real
(1924-1934)

Isidro Sánchez Sánchez

CIUDAD REAL
ENSAYO

© 2025 Serendipia Editorial
© 2025 Isidro Sánchez Sánchez

Edita: Serendipia Editorial
www.serendipiaeditorial.com
contacto@serendipiaeditorial.com

Isidro Sánchez Sánchez

Diseño y maquetación: Sobrino comunicación gráfica
Producción: Las Ideas del Ático

ISBN: 979-13-87661-03-8
Depósito legal: CR 418-2025

Primera edición: junio 2025
Impreso en España - *Printed in Spain*

En cubierta: «La radio-móvil que recorrió Madrid y Ciudad Real, llevando las ondas de Unión Radio», *Ondas*, Madrid (20.06.1926), p. 17.a

Agradecemos expresamente la colaboración
documental del Centro de Estudios de
Castilla-La Mancha (CECLM), Universidad de
Castilla-La Mancha. www.uclm.es/ceclm

NOTA A LA EDICIÓN
Las citas textuales se han traído a la edición de forma literal, con la ortografía y los convencionalismos del lenguaje con que fueron escritas en su momento.

Para Léa, Ibai, Eva y Luna

Índice

Concert par T.S.F. (Press photo). Enfants assis sur un banc et écoutant la radio, photographie de presse, Agence Rol (1923), BnF Gallica, https://gallica.bnf.fr/. Consulta 15.02.2025

DE LA RADIOMANÍA

—¿Sabes por qué no funciona este aparato?
—¿Por qué?
—Pues porque no le da "la galena,,.

«De la radiomanía», *El Castellano*, Toledo (27.10.1924), p. 1.
Humor referido a las radios de galena, dibujo de Soravilla. CECLM

0 | La radio
y Ciudad Real
(1924-1934)

Radio Ciudad Real, EAJ 65, es inaugurada la noche del 9 de diciembre de 1934, cuando ya funcionan en España sesenta y cuatro emisoras comerciales. Pero la radio tiene vida en Ciudad Real desde una década antes. Por ejemplo, el 29 de julio de 1924, organizada por Radio Ibérica, se produce la audición de un concierto por radiotelefonía en el salón de tertulias del Casino, a las diez y media de la noche. Una banda de Madrid interpreta varias obras y se finaliza con la Marcha Real.

Los aparatos de radio llegan, claro está, antes que la emisora. En la provincia de Ciudad Real uno de los primeros, según el diario *El Pueblo Manchego*, se escucha en la localidad de Malagón a fines de 1924, de la mano del señor García Dorado. Otro llega a la capital a comienzos del año siguiente, concretamente a la Academia General de Enseñanza, como una herramienta docente más, para «oír todas las estaciones transmisoras europeas». Y en Fuente el Fresno, por recordar otro ejemplo, en febrero de 1925 el corresponsal de *El Pueblo Manchego*, que firma solo como C., titula a su nota «Fuente el Fresno ¡Ya tenemos la radiotelefonía!». Cesáreo N. Hernández, alcalde de la población durante unos años y representante en

En la doble página siguiente, una audición de radio en el Casino de Ciudad Real. Sentado, en el centro, Casildo Roldán Martín de Lucía. A su derecha, Selica Pérez Carpio, cantante de ópera. Roldán, cargo en el Casino, es clarinete de la Banda Municipal y delineante de Obras Públicas en la Diputación de Ciudad Real. Fotografía de la colección de los hermanos Roldán (Ciudad Real).

la provincia de Casa Badía, invita a una audición de Radio Ibérica, de Madrid, con un aparato Radiovox.

Pero es en la feria de 1925 cuando la radio se convierte en una fiesta. Es la Radio móvil, de Unión Radio. Una camioneta, con un receptor, un amplificador, una antena y cuatro altavoces recibe la señal de las ondas y la lanza hasta una distancia de quinientos metros. La primera audición se produce en el madrileño Paseo de Rosales el día 1 de agosto y veinte días después Ciudad Real se convierte en la primera ciudad, tras Madrid, en escuchar las audiciones de la Radio móvil. Es posible escucharla en el Parque, en la Plaza de la Constitución, en el Casino, en el Hospicio o en el Hervidero de Fuensanta.

El lector puede descubrir en estas páginas el desarrollo de la radio en una década prodigiosa de avances significativos. Con multitud de aristas, que asombran a muchas personas; con la pasión de los pioneros, muchas veces presos del entusiasmo; con músicas muy diversas, que pueden escucharse en las diferentes emisoras; con la sorpresa de los oyentes, que no encuentran explicaciones fáciles para el fenómeno; con la actividad de los radioaficionados, conocidos entonces como radiopitas; con la vida, en fin, que se reproduce en unos estudios y se lanza al espacio en forma de ondas a la búsqueda de personas en todos los lugares.

Ricardo Urgoiti, ingeniero que tiene un papel destacado en el desarrollo de la radio en España, da una conferencia que es radiada el día de la inauguración de la emisora Radio España. Se titula «Cuatro años de Radio», los que van desde 1920 a 1924. Trata el pasado y dice que el camino recorrido hasta ese momento es largo y complejo. Resulta difícil, muy difícil, imaginar la serie de ensayos y tanteos, de éxitos y de fracasos que han precedido a la obtención de cualquiera de los elementos que constituyen una estación radio telefónica. Hoy día «con el secreto en nuestras manos el problema parece sencillo»[1].

Anuncio de Radio Ibérica,
Radio, Madrid, n.° 5 (06.12.1924), p. 24. BVPH.

NOTA

1 Ricardo Urgoiti, «Cuatro años de radio (Conferencia radiada por "Radio-España" el día de su inauguración)», *Radio*, Madrid, n.º 2 (15.11.1924), pp. 11 y 12.

IN THIS ISSUE:

THE AUDION AND THE AMATEUR
By Dr. Lee de Forest
EXPERIMENTS ON GROUND ANTENNA
By Chas. D. Herrold

HOW I BECAME A RADIO BUG
By Thomas Reed
DESIGN OF ROGERS GROUND ANTENNA
By J. Stanley Brown

Radio Amateur News, Nueva York, n.° 1 (julio de 1919).
Internet Archive.

1

La palabra radio tiene múltiples acepciones, tanto en masculino como en femenino. Define un raro metal que se extrae del óxido de uranio y que descubrieron los esposos Curie. También es un vocablo relacionados con los rayos X, con palabras como radiografía, radiografiar, radiográfico, radiología, radioscopia o radioterapia. Asimismo, cada una de las piezas que unen el cubo o eje de una rueda con la llanta. Es también un hueso del antebrazo, el más corto de los dos que lo forman. O se refiere a la recta que une el centro de la circunferencia o de la esfera con uno cualquiera de sus puntos. Y, por recordar solo una más, el término Radio es el que adopta el Partido Comunista de España para indicar su organización territorial en los años veinte y treinta del siglo pasado, lo que se entiende hoy como Agrupación.

Las voces aceptadas en la actualidad por la Academia referentes a la transmisión del sonido a través de las ondas hertzianas, colocadas por orden alfabético, son las siguientes: radiodifundir, radiodifusión, radioelectricidad, radioelectricista, radioemisora, radioescucha, radiograma, radiorreceptor, radiotecnia, radiotelefonía, radiotelefónica, radiotelefónico, radiotelefonista, radiotelegrafía, radiotelegráfica, radiotelegráfico, radiotelegrafista, radiotelegrama, radiotransmisor y radioyente.

Según el Mapa de Diccionarios de la RAE[1], solo cinco de ellas figuraban en la edición del Diccionario de hace cien años, es decir de 1925: radiorreceptor (m. Aparato empleado en radiotelegrafía y radiotelefonía para recoger y transformar en señales o sonidos las ondas emitidas por el radiotransmisor), radiotelefonía (f. Sistema de comunicación telefónica por medio de ondas hertzianas), radiotelegrafía (f. Sistema de comunicación telegráfica por medio de ondas hertzianas), radiotelegráfico, pero no radiotelegráfica, (adj. Perteneciente o relativo a la radiotelegrafía) y radiotransmisor (m. Aparato empleado en radiotelegrafía y radiotelefonía para producir y enviar las ondas portadoras de señales o de sonidos).

Radio es un término general que se aplica al uso de ondas radioeléctricas. Es, asimismo, acortamiento de radiograma, radiotelegrama, radiotelegrafista, radiodifusión, radiotecnia, estación radioemisora o estación racirreceptora. Da nombre a un medio de comunicación en el que se hace la transmisión, mediante ondas hertzianas, de programas destinados al público, aunque en la actualidad se utilizan otros soportes, como Internet. Define, en síntesis, la transmisión de sonidos a distancia y es también reducción de términos como estación radioemisora, estación radiorreceptora o radiorreceptor.

Por otro lado, las denominaciones son variadas, además de radio, desde su nacimiento hasta hoy, en las alusiones a los receptores de radiodifusión sonora. Por orden alfabético, entre otras, se habla de aparato de galena, aparato de radio, aparato de válvulas, radio receptor, receptor de galena, receptor de lámparas, receptor de radio, receptor de T.S.H., receptor de válvulas, receptor radiotelefónico o, simplemente, receptor.

Hablamos también en castellano de radio de galena, como aparato con escaso alcance; radio macuto, para describir una emisora imaginaria de la que parten noticias falsas y mentiras; radio portátil, que se puede llevar de un lugar a otro, dado que funciona con pilas o batería, denominada también transistor; o radio pirata, para designar a emisoras que funcionan sin autorización legal que, por otra parte, existen desde el mismo nacimiento de la radio, también llamadas clandestinas.

Las radios, en fin, son dispositivos destinados a la transformación en sonidos de las informaciones contenidas en las ondas electromagnéticas, que proceden de emisiones de distintas estaciones radiodifusoras. El objetivo de estos aparatos es detectar ondas electromagnéticas portadoras de información, previamente seleccionadas entre todas las señales que llegan hasta la antena y que permite al oyente acceder a la información sonora contenida en la onda de radio.

Todo un complejo mundo, con más de cien años de historia, que debe ser un medio para la libertad de expresión, la alegría y el conocimiento. Pero, por encima de todo, puede afirmarse que la radio es vida. Y respecto a la centuria de existencia, nada mejor que la frase de la Unesco, «La Radio: Un siglo informando, entreteniendo y educando»[2].

NOTAS

1 Real Academia Española, *Mapa de diccionarios* [en línea]. 2013, https://app.rae.es/ntllet. Consulta 18-2-2025.

2 Unesco, https://www.unesco.org/.

«Mapa de las estaciones de radiodifución de Europa occidental»,
Radio, Madrid, n.º 1 (08.11.1924), p. 4. BVPH

2

El desarrollo de la radio, como otros muchos avances científicos y técnicos, tiene líneas variadas y aportación de diferentes personas. Según Jacques Marzac, el francés Albert Turpain realiza la primera emisión-recepción de mensajes morse en una distancia de 25 metros. El evento tiene lugar en noviembre de 1894, en el sótano de la Facultad de Ciencias de Bordeaux, con un resonador Hertz equipado con un teléfono, a través de cuatro paredes de cincuenta centímetros de espesor.

Durante 1895 se producen otras dos importantes aportaciones, como indica Bernard Blin. El ruso Aleksandr S. Popov inventa la antena radioeléctrica y el 7 de mayo presenta el primer receptor de ondas electromagnéticas a la Sociedad Rusa de Física y Química de San Petersburgo. Y el italiano Guglielmo Marconi realiza, cerca de Bolonia, el primer experimento de transmisión sin hilos de señales a una distancia de 400 metros y luego de 2.000 metros.

Es importante destacar que en los años siguientes se desarrolla y utiliza la denominada TSH (Telegrafía Sin Hilos) o radiotelegrafía, que hace referencia a toda comunicación establecida a través de ondas radioeléctricas. Tienen que pasar unas dos décadas para que la radio deje de ser una herramienta de comunicación entre dos puntos y se convierta en medio de masas, como la conocemos hoy. Ese paso se hace con la radiodifusión, tras la rémora que supone la Primera Guerra Mundial, que es en realidad un servicio de radiotelegrafía cuyas emisiones van dirigidas al público en general, además de caracterizarse por la periodicidad o regularidad de las emisiones.

Así, la radio se extiende por el mundo en la década de los años veinte del siglo pasado, como un elemento más de los avances técnicos y científicos que se propagan por todas partes. Virgilio Soria, en su *Historia de la radiodifusión en España* (1935), sitúa el comienzo de emisiones en 1919, con un servicio de programas radiofónicos puestos en marcha por el Instituto de Ciencias de Berlín y una estación de Montreal. Pero, tras esas u otras transmisiones esporádicas, llegan las emisiones regulares, que se establecen en 1920 y dos emisoras se disputan el honor de ser la primera, una de Detroit y otra de Pittsburg, ambas ciudades de EE. UU., donde hubo un rápido crecimiento. En 1924 ya existen allí tres millones de aparatos receptores y en 1928 han aumentado hasta los siete.

Una década después, según datos que proporciona Virgilio Soria, cuando habla de la importancia que tiene la radio en la vida de los «pueblos modernos», hay en todo el mundo 2.480 emisoras en funcionamiento y sesenta millones de receptores registrados. El autor hace una valoración tras diez años de desarrollo:

> La radiodifusión, que fue considerada en su nacimiento como un maravilloso juguete de la técnica radioléctrica, ha tenido en pocos años un desarrollo monstruoso, de tal forma que, siendo el benjamín de la electricidad, ha venido a convertirse en el hermano mayor, fornido, arrogante y vigoroso con el que ninguno de sus hermanos puede competir.

Se pueden recordar algunas cifras, aunque sean aproximadas, que proporciona Luis Ezcurra Carrillo. En Europa, la expansión es más lenta al principio que en EE. UU. y España ocupa uno de los últimos lugares. A fines de 1931 existen en nuestro país solo 40.000 receptores de radio, frente a 800.000 de Francia, 3.980.000 de Alemania o 4.330.000 de Inglaterra. La media española, 1,75 receptores por 1.000 habitantes, solo supera en Europa a países como Albania, Bulgaria, Grecia o Portugal. A partir de 1931 las cifras aumentan cada año durante la República: en 1932 hay ya 83.814; en 1933, 154.662; en 1934, 213.004; en 1935, 259.512; y en 1936, 303.983. La media en este último año es ya de 13,34 aparatos por 1.000 habitantes. La mayor parte de los receptores se concentra en las provincias de Barcelona, Madrid y Valencia, con cerca del cincuenta por ciento de los aparatos.

No obstante, es preciso considerar, como indica Virgilio Soria, que los datos oficiales referidos al desarrollo de la radiodifusión en España son muy incompletos y alejados de la realidad. La razón hay que buscarla en que no se hace una labor constante y sistemática para el control de aparatos clandestinos y su número es, sin duda alguna, muy considerable. En 1933, el número de receptores es de 6,44 por cada 1.000 habitantes, lo que no guarda relación con el evidente aumento de aparatos habido en los últimos años, ni se puede aceptar, siquiera sea aproximadamente, en comparación lógica con el coeficiente que arrojan las estadísticas de otros países, entre los que resaltan: Dinamarca, con 150 aparatos por cada 1.000 habitantes; Suecia, con 155; Gran Bretaña, con 138,92, y los Países Bajos, con 103.

En ese sentido, se crean en 1934 las Juntas provinciales de Radiodifusión en todos los Centros y Secciones de Telégrafos, cuya misión es organizar la recaudación por los ingresos siguientes derivados de la legislación: licencias de aparatos radiorreceptores y publicidad radiada por estaciones del Estado y participación de éste en la publicidad radiada por estaciones particulares de carácter local[1].

Si funciona un buen número de aparatos clandestinos también hay que evocar la existencia de emisoras clandestinas, que tienen muy diversos objetivos. Es posible imaginar que en los años de la Primera Guerra Mundial abundan las emisoras clandestinas, en principio de radiotelegrafía sin hilos. Pero después también las hay de radio. Solo dos muestras nos ponen en contacto con el tema, una con objetivo económico y otra con carácter político. La primera es de *El Liberal*, tiene el titular «Donde se demuestra que es peligroso transmitir noticias de Bolsa»[2] y está ubicada en París:

> Por infringir el reglamento sobre transmisiones telegráficas, el Tribunal de lo correccional ha condenado a un mes de prisión (condena condicional), a cuatro individuos, y a un año a otro, actualmente en rebeldía por enviar, por medio de una estación emisora clandestina, a Berlín, las cotizaciones de Bolsa minutos antes de que lo hiciera la estación emisora oficial.

L'auto qui transmet par T.S.F. la course [cycliste], circuit de Paris, photographie de presse, Agence Rol (13.05.1926),
BnF Gallica, https://gallica.bnf.fr/. Consulta 15.02.2025

La segunda, también recogida en *El Liberal*, con el titular de «Las estaciones piratas»[3], es esta:

> La policía austríaca acaba de descubrir en los alrededores de Viena una estación emisora clandestina, que funcionaba con onda corta. Esta estación hacía emisiones de carácter político y comunicaba con el extranjero. El propietario, un letón, se ha dado a la fuga.

La cuestión preocupa a las autoridades, que intentan luchar contra su existencia. El diario madrileño *La Libertad* proporciona una noticia que titula «Radio-policía»[4], que muestra parte de las acciones que se desarrollan en Francia para combatir a las emisoras clandestinas, similares a las establecidas en otros países. Merece la pena recordarlas pues dan idea de la magnitud del problema. La información indica que hay en Francia un gran número de estaciones emisoras de aficionados, lo que ha hecho necesaria la puesta en marcha de un «servicio policíaco del éter que pueda capturar, por decirlo así, las estaciones que lanzan sus ondas al espacio sin permiso oficial, o sea las emisoras clandestinas». El nuevo servicio opera, envuelto en cierto misterio, en conexión con un centro llamado «de explotación». En realidad, pocas personas conocen su ubicación, aunque el periodista avanza que pronto se averiguará, ya que «un secreto entre dos ya no es secreto», el lugar de la ciudad en que trabajan los «ingenieros-policías que, cuadro en mano, persiguen las ondas no autorizadas».

Para la investigación policíaca hay tres estaciones instaladas en los alrededores de París, de manera que los observadores forman los vértices de un triángulo equilátero. Al combinar las direcciones, hacen una primera determinación del origen de las ondas clandestinas. Pero esta primera acción no alcanza hasta el edificio en que se oculta la emisora buscada y para llegar al lugar en que está instalada los ingenieros-policías se trasladan con rapidez al barrio señalado por la primera determinación y, guiándose por la emisión que reciben, se acercan a la estación pirata hasta llegar al propio radioemisor. A veces, la presencia de una antena exterior facilita mucho la captura; pero en otras la labor no es sencilla. Solo la práctica, se escribe, «creara maestros en el nuevo arte policíaco».

La información intenta también descifrar las causas que llevan a la existencia de este tipo de emisoras. Algunas emiten por la «sola satisfacción de dar que hacer a los modernos policías». Otras por no pagar el impuesto legal que corresponde al funcionamiento de la emisora. Otras, y estas son las más peligrosas, se entregan a tráficos que, además de constituir defraudación para el Estado, constituyen la base de operaciones en Bolsas y mercados. También existen emisoras clandestinas con fines políticos, que operan por cuenta de «partidos extremistas franceses o al servicio de partidos internacionales». Y se concluye con la afirmación de que, dado el progreso de la radiodifusión y el empleo de la onda corta, cualquier ciudadano francés, por muy poco dinero, «puede permitirse el gusto de tener en jaque unos días a los puestos del triángulo de escucha y a los agentes de la brigada ambulante de la radio-policía». Son, por tanto, muy variadas las razones para la existencia de emisoras ocultas, pero especialmente tienen que ver con el temor a la ley o para tratar de eludirla.

NOTAS

1 «Ministerio de Comunicaciones», *Gaceta de Madrid* (07.12.1934), p. 1971.

2 *El Liberal*, Madrid (20.11.1928), p. 5.

3 *El Liberal*, Madrid (16.12.1931), p. 12.

4 *La Libertad*, Madrid (01.05.1930), p. 7.

Radio rallye, París, Agence Rol (12.06.1927),
BnF Gallica, https://gallica.bnf.fr/. Consulta 15.02.2025

Anuncio de lámparas Marconi,
Ondas, Madrid, n.º 29 (03.01.1926), p. 7. BNE

3

Se puede situar el comienzo de la radiodifusión en España, de forma experimental, en 1923, aparte de una serie de precedentes. Por ejemplo, en el *Anuario de la Radio* (Barcelona, 1936) se cita dicho año, cuando se indica que Radio Ibérica de Madrid es la primera emisora que funciona en pruebas diversas, aunque Virgilio Soria adelanta la puesta en funcionamiento a 1922. Por su emisor se transmiten esporádicamente algunas óperas desde el Teatro Real y varias conferencias desde el Ateneo. Indudablemente, la llegada de la radiodifusión marca un salto adelante significativo en comunicación y entretenimiento.

Precisamente, en 1923 se publica el real decreto dedicado a instalaciones radioeléctricas, concretamente el 1 de marzo[1]. La norma, con fecha de 27 de febrero, tiene un preámbulo interesante. Se escribe que en EE. UU., Inglaterra o Francia los respectivos gobiernos han tenido que reglamentar como monopolio del Estado el establecimiento y explotación de las instalaciones de radiotelefonía privada, llamada «broadcasting», para evitar el desorden, los incidentes y las dificultades que se originan. Este movimiento mundial no debe ser ajeno a España y por eso, con imitación a las grandes naciones, el Gobierno español reglamenta la radiotelefonía, para evitar que se cree una situación anárquica parecida, en pequeño, a la creada en Estados Unidos, «perturbadora de los servicios ya establecidos, lesiva para los intereses del Tesoro y perjudicial para la propia conveniencia del público en general».

Se citan también las posibilidades del medio, desde las comunicaciones privadas entre dos o más puntos, pertenecientes a una misma entidad o particular, hasta el uso en industria, comercio o recreo, pasando por el ya muy popular «broadcasting», con sus múltiples aplicaciones:

> (...) oír conciertos de bandas y orquestas, audiciones teatrales y fonográficas, sermones y música religiosa, cuentos morales e instructivos, narraciones de viajes, conferencias de Arte, Ciencias, Industria, Comercio y Agricultura; noticias generales de Prensa; boletines meteorológicos y comerciales, industriales navieras y de minas; cotizaciones de Bolsa, sesiones de Cortes, Academias y Ateneos; noticias de espectáculos, lotería, etc.

Es, como se ve, toda una relación de posibilidades de la radio.

El artículo primero indica que «Todas las instalaciones radioeléctricas constituyen un monopolio del Estado» y, desde la publicación del decreto, quedan...

> (...) terminantemente prohibidas aquellas estaciones transmisoras o receptoras, o simplemente receptoras que no sean debidamente autorizadas por el Ministerio de la Gobernación o en su nombre por el Director general de Comunicaciones.

Al decreto sigue el reglamento, aprobado el 26 de mayo[2], por el que crean las emisoras de cuarta categoría («broadcasting») y se divide el servicio en dos partes: a) oficial y de interés general, explotado por el Estado, con la creación, a tal efecto, de «una estación central y otras varias en distintos puntos de España»; b) servicio cultural, recreativo, etcétera, que puede concederse a «empresas particulares, las cuales podrán instalar emisoras de una potencia máxima de 5 kw».

Así, hasta 1924, ya en la Dictadura de Primo de Rivera, no se puede datar el comienzo de la radiodifusión de forma continuada y con carácter oficial. La primera emisora es radio Barcelona (EAJ-1) y siguen Radio España (EAJ-2), en Madrid, Radio Valencia (EAJ-3), Radio Santiago (EAJ-4), Radio Sevilla (EAJ-5), Radio Navarra (EAJ-6), distintivo que recibe de la desaparecida Radio Ibérica, Unión Radio (EAJ-7), Radio San Sebastián (EAJ-8), Radio Málaga (EAJ-9) y Radio Zaragoza (EAJ-10). De hecho, hasta ese año, aunque antes del comienzo de la dictadura de Primo de Rivera, no se publica el «Reglamento para establecimiento y régimen de estaciones radioeléctricas particulares»[3].

Su primer artículo establece que las «estaciones radioeléctricas (radiotelegráficas o radiotelefónicas) pueden ser oficiales y particulares». El cuarto se ocupa de las estaciones transmisoras, que pueden ser de cinco tipos: para la enseñanza en centros docentes oficiales; para ensayos, experiencias o estudios por entidades o personas de nacionalidad española; para establecer una comunicación directa entre dos o más puntos fijos o móviles pertenecientes a una misma persona o entidad; estaciones de difusión oficiales o particulares; y estaciones de aficionados. Y en el 48 se indica que, a fecha de publicación del Reglamento, todas las estaciones establecidas (transmisoras o receptoras particulares) tienen obligación de adquirir la licencia correspondiente en el plazo máximo de un mes, pasado el cual serán consideradas clandestinas.

También se desarrolla en España el fenómeno de las emisoras clandestinas. Este suelto de 1914 nos pone en contacto con un hecho que acompaña a la radiodifusión en su historia, aunque en este caso se trata todavía de radiotelegrafía. Son frecuentes en la prensa noticias como esta:

> Estación radiotelegráfica clandestina. Barcelona. A consecuencia de las quejas dadas por el cónsul francés, en la barriada de Guinardó, en las cercanías de Barcelona, se ha descubierto una estación clandestina de telegrafía sin hilos desde donde se expedían y recibían radiogramas del extranjero, quedando desmontada[4].

Se mezclan y, a veces, se confunden radiotelegrafía y radiodifusión. Por eso la estrecha relación en sus comienzos de la radio con el mundo del telégrafo, que se pone de manifiesto también en el tema de las emisoras clandestinas. De hecho, hay una normativa oficial, de fecha 23 de marzo de 1925, que tienen que hacer cumplir los jefes de las estaciones telegráficas del Reino, en la que se explica el procedimiento a seguir contra las estaciones radioeléctricas clandestinas[5].

En el caso de la existencia de una estación instalada, transmisora o receptora, sin la debida autorización, tanto si el jefe de

CUADRO DE LONGITUDES DE ONDA A QUE H
TRICOS

LONGITUD DE ONDA EN METROS	CLASE DE ONDA	
0 a 20 m.........	Continua	Radiofaros.
20 a 120 m....•....	Idem ....•.........	Estaciones de
190 a 210 m..•........	Cualquier clase.......	Servicios mil
220 ....••	Idem íd.........•........	Servicios civil
240 a 280 m....•....	Continua	Servicios par
300 a 440 m.........	Continua modulada.	Radiodifusión
450 ....•.....	”	Reservada pa
460 a 500 m.........	Continua modulada.	Radiodifusión
525	Continua	Submarinos.
600 ....•...	Cualquier clase.......	Marina merca
700 ....•....	Continua	Marina de gu
725 ....•.	Idem ;.....•...........	Servicios móv
800 ....•......	Idem ......•.............	Servicios mili
850 á 950 ...•.......	Idem ......•.............	Exclusiva aer
1.000	Cualquier clase.......	Radiofaros.
1.050 a 1.500...........	Idem íd.........•.......	Servicios mili
1.500 a 1.550...........	Continua	Aeronáutica.
1.550 a 1.650..........	Idem ;.....•...........	Radiodifusión
1.800	Idem ;.....•...........	Onda especial
2.000	Idem ;.....•...........	Para estacion
2.100 ....•..	Idem ;.....•...........	Radiogoniome
2.400 ....•....	Idem ;.....•...........	Servicios mili
2.500 ....•....•	Idem ;.....•...........	Servicios de l
2.650	Idem ;.....•...........	Señales metec
2.800 ....•.;	Idem ;;.....•............;	Servicios mili
3.500 a 5.500...........	Idem ......•.............	Servicio radio

NOTA.—Los servicios militares móviles podrán emple
aunque sirva para radiodifusión.

Entre 1.050 y 1.500 metros quedan distribuídas las (
1.100.—Militares, móviles y permanentes.
1.200.—Militares, fijas.
1.400.—Onda de reserva de Guerra.
1.500.—Onda de reserva de Marina.

S E R V I C I O S

cionado.
s móviles.
nóviles.
ares, comunicación bilateral.

ervicios móviles (Marina y radiogoniometría).

(Marina de guerra).
s móviles.
itica.

s.

ial o servicios de la Dirección general de Comunicaciones.
a estaciones de a bordo en comunicación a gran distancia.
el Ministerio de Marina.
a gran distancia.
s.
irección general de Comunicaciones.
ógicas.
s.
gráfico público entre estaciones fijas.

la onda de 400 metros, eventualmente, para su servicio,

as en la forma siguiente:

Telégrafos de la población tiene conocimiento propio, por inspecciones del personal a sus órdenes o por denuncia firmada presentada por cualquier persona, se debe dirigir un oficio al dueño de la estación clandestina, conminándole para que en el plazo máximo de cinco días se ponga dentro de las condiciones reglamentarias. Si el requerimiento no es obedecido, el jefe de Telégrafos tiene que pedir el auxilio de la Autoridad gubernativa, proceder a la incautación de la instalación clandestina y recoger todo el material de estación y de antena, que debe depositar en su oficina a disposición de la Dirección general de Comunicaciones. En el momento de la incautación hay que levantar por duplicado el acta correspondiente, firmada por todos los asistentes, entregándose una copia al propietario del material recogido. Esta sanción no exime al propietario del local de la instalación clandestina de la multa que pudiera imponer la Dirección General de Comunicaciones.

La clandestinidad llega incluso a la creación literaria. Roberto Molina, con ilustraciones de Solís Ávila, publica como folletín «La estación clandestina», en la revista *Ondas* durante 1927. Y la prensa recoge con frecuencia noticias relacionadas con el tema. Pueden recordarse algunos ejemplos. El diario madrileño *La Voz*, con una noticia de la agencia Febus, titula un suelto como «Un radiomolesta»[6] e indica que, desde hace unos días, los radioescuchas barceloneses, que son unos 25.000, se ven sorprendidos por las interrupciones de un desconocido, que pronuncia frases de mal gusto. Se investiga para «esclarecer si las interrupciones parten de una estación emisora clandestina o del personal de la estación autorizada».

Otra muestra la encontramos en un comentario de O, también en la *La Voz*, con el titular de «Radiotelefonía. La estación clandestina»[7]. El redactor de queja en varias ocasiones de la interferencia que se produce de ocho a diez de la noche por la acción de una estación emisora clandestina. Un radioyente dice que no le hacen caso y comenta la inutilidad de la queja. Y escribe «Tiene razón; pero no nos mortifica el hecho, ni siquiera la intención del que la subraya. A lo mejor, es el propio radiopita el que lo dice, en un arranque de pueril vanidad». Esto, en realidad, puede mortificar a los que deben impedir las infracciones legales y no quieren hacerlo o no pueden, por falta de herramientas. En lo que respecta «al interruptor», no es para envidiar su ingenio, «no es el Código penal el que debe cohibirle, es el código de las relaciones sociales». Solo recordar que los aficionados a la emisión *amateur* en España fueron conocidos popularmente durante sus primeras décadas como «radiopitas», es decir, es un sinónimo de radioaficionados.

Otro ejemplo en Barcelona, donde la Policía descubre una de las estaciones de radio clandestinas que funcionan, redacción de la noticia que hace pensar en varias emisoras y contrarias a la Dictadura. La estación está instalada a bordo de un barco surto en el puerto y, como resultado de la operación, se producen tres detenidos[8]. Esta forma de oposición a la Dictadura es poco conocida, aunque no debe sobrevalorarse, dado el reducido número de aparatos receptores.

Y uno más en Madrid, donde se «habla de que desde hace unos días actúa en Madrid una estación de "radio" particular, que lanza noticias falsas y alarmantes». En este caso es la emisora de Unión Radio (Madrid), la que hace la denuncia por las ondas. Otras referencias citadas atribuyen a la estación ilegal significado religioso[9]. «Sea o no cierto, el hecho de la clandestinidad es de por sí solo una infracción de las disposiciones vigentes en la materia y urge descubrirla, castigar la infracción y evitar la continuidad». Los medios científicos de que disponen los técnicos de la Dirección General hacen fácil descubrir el emplazamiento, si la estación buscada radia durante algún tiempo. Parece, según averiguan, que no se trata de la clausurada Radio España, y quizá sería útil para las pesquisas seguir la pista a alguien que tenga pedida autorización para instalar una estación emisora.

El mundo de la radiodifusión avanza también en España. El ingeniero Ricardo Urgoiti Somovilla (1900-1979), principal promotor de la creación de la emisora Unión Radio, embrión de la futura Cadena SER, interviene en la inauguración de Radio España, a fines de 1924, con un discurso que titula «Cuatro años de radio»[10]. Hijo de Nicolás María Urgoiti y Achúcarro, vive un tiempo en Estados Unidos y evoca un artículo publicado allí en el que se indica que por unos pocos dólares es posible tener un aparato que lleva a la propia casa las noticias de todas partes.

Entre las ilustraciones del artículo, que expone los fundamentos de la radiotelefonía, hay una que representa un galenista novato, recién iniciado, con semblante mezcla de asombro y de felicidad del que por primera vez escucha sonidos que llegan a sus oídos por los caminos invisibles y misteriosos del éter. Y trae a colación el recuerdo porque, dice, la radiotelefonía ya no asombra a nadie:

> (...) lo que hace cuatro años parecía la más inverosímil de las quimeras, se considera hoy como una fruslería, como algo vulgar y corriente indigno de nuestra atención. Es más, la misma simplicidad de los aparatos da lugar a que se tomen a broma a que no se de a la radiotelefonía la importancia que merece y que no inspire el respecto a que es acreedora.

No obstante, España es un país muy diverso y las diferencias son notables entre unas partes y otras en aquellos «felices veinte».

A mediados de la década la situación de las ondas ya es compleja en España, como muestra una relación de las longitudes de onda a que tienen que atenerse los servicios radioeléctricos. Desde las cortas de radiofaros o estaciones de aficionado a las largas, de señales pertenecientes a servicios metereológicos o militares[11]. Pero no impide que el invento siga produciendo asombro, desconcierto y turbación.

Cuando se proclama la Segunda República en 1931 la radio es ya un importante medio de comunicación, con Unión Radio como principal empresa en el mundo de la radiodifusión. La *Guía de las emisoras de radio de toda España*, de Arias Cardona, publicada dos años después, incluye información de la situación, alcance y horas de emisión de las 52 emisoras en funcionamiento hasta ese momento, desde Radio Barcelona, EAJ-1, hasta Radio Extremadura, EAJ-52, con fotografías y datos biográficos de sus locutores. Lo que diferencia el caso español de los países de nuestro entorno es la tardía aparición de la radio pública o estatal, que no se pone en marcha hasta enero de 1937, cuando se funda la emisora Radio Nacional de España, con sede en Salamanca. En Gran Bretaña existe desde 1922, en Alemania a partir de 1923 y en Italia desde 1924.

NOTAS

1 *Gaceta de Madrid* (01.03.1923), pp. 765-767.

2 «Reglamento para el establecimiento y régimen de Estaciones radioeléctricas particulares, con arreglo a las prescripciones contenidas en el Real decreto de 27 de Febrero de 1923», *Gaceta de Madrid* (02.06.1923), pp. 897-900.

3 *Gaceta de Madrid* (15.06.1924).

4 *La Tribuna*, Madrid (02.09.1914), p. 3.

5 *Diario Oficial de Comunicaciones*, Madrid (02.04.1925), p. 689.

6 *La Voz*, Madrid (17.01.1925), p. 7.

7 *La Voz*, Madrid (18.02.1926), p. 6.

8 *La Libertad*, Madrid (28.04.-1926), p. 3.

9 *La Voz*, Madrid (20.07.1931), p. 6.

10 *Radio*, Madrid (15.11.1924), pp. 11-12.

11 *Gaceta de Madrid*, n.º 106 (16.04.1926), p. 329.

Telegrafía sin Hilos

Revista mensual ilustrada

N.º 1   *Noviembre 1911*   **25** cénts.

Telegrafía sin Hilos, Madrid, n.º 1 (noviembre de 1911). URE

4

Como vemos, en el segundo lustro de la década de los veinte se produce el despegue de la radio comercial, de las emisoras y receptoras de radioficionados y hay una verdadera eclosión de revistas dedicadas al mundo de la radio, desde diversas ópticas y distintas periodicidades. En noviembre de 1911 nace en Madrid la revista *Telegrafía sin Hilos*, como adelantada a lo que llega en este terreno durante la década siguiente, con contenidos similares a las de otros países. En su editorial de presentación indica que hace diecisiete años la idea de telegrafía sin hilos, o sea, la transmisión de despachos telegráficos a través del espacio, sin el uso de hilos conductores, era considerada imposible. Pero el invento de Marconi lo hace posible y se produce un importante desarrollo de ese sistema de comunicación, tanto por tierra como por mar.

Los años veinte ven aparecer el mayor número de revistas dedicadas al mundo de la radio. Se pueden recordar primero tres títulos, de los muchos publicados, que salen en distintos países. En Nueva York, *Radio Amateur News*, que nace en julio de 1919, independiente y dedicado al radio amateurismo, y en 1920 se convierte en *Radio News*, para vivir hasta los años cincuenta. En Londres, en septiembre de 1923, *The Radio Times*, órgano oficial de la BBC desde ese año. Y en París, *La Radio*, que ve la luz por vez primera en enero de 1926, dirigido a los «amateurs sans-filistes».

También en el caso de España se pueden traer a la memoria algunos títulos, que sirven para mostrar la importancia del fenómeno. El número primero de *Radio Sport* sale en julio de 1923,

The Radio Times, Londres,
n.º 1 (28.09.1923). BBC

La Radio, París, n.º 1
(enero de 1926). Gallica. BNF

Radio Sport, Madrid,
n.º 1 (julio de 1923). URE

Radio Ciencia Popular, Madrid,
n.º 22 (11.10.1924). URE

Inalámbrica (TSH), Barcelona, n.° 1 (diciembre de 1924). URE

Radio, Madrid,
n.° 1 (05.11.1924). HMM

Ondas, Madrid,
n.° 1 (01.06.1925). BNE

EAR, Madrid,
n.° 1 (15.04.1926). EA4DO

Radio y Luz, Madrid,
n.° 1 (marzo de 1931). BNE

Antena, Madrid, n.º 20 (enero de 1930). BNE

con el objetivo de fomentar la afición a la radioelectricidad en sus diversas manifestaciones y con sus columnas a disposición de profesionales y «amateurs» para cuanto estimen pueda ser provechoso para la idea, la ciencia y el público en general. Se publica hasta 1936 con un contenido principal de carácter técnico.

En 1924 comienzan su edición *Radio Ciencia Popular*, y *Radio*, en Madrid, e *Inalámbrica (TSH)*, en Barcelona. La primera es fundada por Ricardo Urgoiti Somovilla, cuando vuelve de Estados Unidos, como semanario de divulgación técnica dirigido a los radioaficionados. La segunda, aparece con el subtítulo de «revista semanal de vulgarización de la radio y de las ciencias afines» y en el primer número Mariano Potó escribe que son muy puras y armoniosas las notas que la antena capta, muy maravilloso el fenómeno de la radio y muy grandes y dilatados los horizontes que a la actividad social ofrece la radiodifusión. No obstante, «no todo el monte es orégano. Allí donde crees ver un bienhechor no pocas veces se oculta un redomado mercachifle». *Inalámbrica (TSH)*, por su parte, aparece como «revista mensual técnica y de vulgarización» y se publica dada la enorme afición despertada en España por la radiotelefonía entre todas las clases sociales y el incremento cada día mayor que «esa nueva maravilla del progreso va tomando». Y con ella se busca una mayor «vulgarización y desarrollo de la T. S. H.».

Como órgano de Unión Radio y periodicidad semanal sale en junio de 1925 el primer número de *Ondas*, que se mantiene hasta 1936. Su contenido es variado, desde cuestiones técnicas relacionadas con la radio hasta programación de diversas emisoras, pasando por noticias de personas que actúan ante los micrófonos de Unión Radio. En su primer número se afirma que la galena, base de la radiotelefonía, ha creado en España un nuevo deporte: la construcción de aparatos. Es decir, aparte de los aparatos de distinto tipo que se pueden adquirir en tiendas especializadas, muchos entusiastas hacen su propio receptor. Destaca, en buena lógica, la apuesta por potenciar en toda España la Unión de Radioyentes.

Entre 1926 y 1934 es posible recordar otros seis ejemplos, dentro de la verdadera plaga que hay en toda España, cinco editadas en Madrid y una en Palma de Mallorca, ya en 1934. Las

Electrón, Madrid, n.° 1 (marzo de 1934). BNE

Radio QRA, Palma de Mallorca,
n.º 1 (marzo de 1934). URE

Radio Universal, Madrid,
n.º 4 (diciembre de 1933). URE

primeras son las siguientes: la quincenal *EAR*, cuyo número primero sale el 15 de abril de 1926, órgano de la Asociación EAR (Españoles Aficionados a la Radiotécnica), sección española de International Amateur Radio Union (IARU), creada en París en 1925; *Antena*, que aparece en 1928 como revista nacional de radio y periodicidad mensual; *Radio y Luz*, con número 1 en marzo de 1931 y editada cada mes por la empresa Philips, que tiene en los más de seis mil «revendedores» españoles sus principales lectores; *Radio Universal*, con número primero en septiembre de 1933, periodicidad mensual y que se presenta como «Revista técnica del aficionado»; *Electrón*, que sale con el subtítulo «Telegrafía-Telefonía-Radioelectricidad-Televisión-Cine Sonoro», que puede significar el comienzo de una nueva época, con el número primero el 1 de marzo de 1934.

La revista que se edita en Palma de Mallorca tiene el título de *Radio QRA* y su número 1 sale en marzo de 1934 con el subtítulo «Políglota boletín de radio información». Primero hay que aclarar la sigla del título. QRA se puede traducir traduce por ¿Cuál es su dirección? o ¿Cuál es su ubicación? Y se utiliza generalmente para solicitar información sobre ubicación o dirección de la estación de radio con la que se comunica. En cuanto al subtítulo, hay que decir que la revista se edita en castellano, inglés y francés.

«La estación EAR-11», *EAR*, Madrid, n.º 26 (15.06.1927), p. 1. EA4DO

5

En las provincias que forman Castilla-La Mancha, el proceso de desarrollo de la radio fue lento desde aquél lejano año de 1933, cuando se pone en funcionamiento la primera emisora comercial y con emisión en onda media de la región. Solo en las últimas décadas se multiplican las emisoras de radio y son varias las cadenas que emiten en las cinco provincias. Pero esa es una cuestión a analizar en otro momento.

Veamos ahora, aunque sea brevemente, los balbuceantes comienzos de la radiodifusión en nuestra tierra. La revista *EAR* incluye una relación de las estaciones emisoras (página 3) y receptoras (página 4) existentes a comienzos de 1928 en España[1]. Entre las primeras, un total de 95 en toda España, están EAR 11, perteneciente a Luciano García López, oficinas de Telégrafos, Guadalajara; y EAR 36, a nombre de Carlos Salvador, Calle Nueva 7, Almansa (Albacete). Las segundas son 71 y entre ellas están E-8 de Mariano Raspal, calle Manuel Medrano 3, Guadalajara; y E-60, Gregorio Marín, calle Monjas, 24, Manzanares (Ciudad Real).

En realidad la radio como elemento emisor comienza, según los datos conocidos hasta el momento, en 1926. Ese año se pone en funcionamiento la estación emisora EAR 11, en la oficina de Telégrafos de Guadalajara, por parte del operador Luciano García López, en estrecha colaboración con la E-8, de Mariano Raspal, también de la ciudad alcarreña[2]. Luciano García escribe colaboraciones en prensa referidas a la radiotelefonía y desea sumar a sus actividades investigadoras, datos y resultados derivados de la práctica de los fenómenos radioeléctricos. Escribe que, a pesar de las contrariedades, obtiene referencias de escucha proceden-

«D. Luciano García»,
EAR, Madrid, n.º 26
(15.06.1927), p. 1. EA4DO

«D. Carlos Salcedo»,
EAR, Madrid, n.º 32
(15.12.1927), p. 1. EA4DO

tes de Argentina, Jamaica, Brasil y casi toda Europa, «trabajando del modo siguiente: Lámparas dos Metal de recepción; potencia de entrada, seis vatios; corriente de radiación en antena, 0,048 amperios; longitud de onda, 37,6 metros». Raspal también hace «trabajos sobre cálculos rápidos en Radiotecnia» gracias a su emisora receptora.

Con orientación diferente, desde 1927 a 1931 funciona también una emisora en Almansa, según indica el periodista Juan Luis Hernández Piqueras y he podido ratificar en la revista *EAR*[3]. En agosto de 1926 el radioaficionado almanseño Carlos Salva-

«D. Mariano Raspal», *EAR*, Madrid, n.° 26 (15.06.1927), p. 2. EA4DO

RADIO-ALMANSA

ESTACIÓN TRASMISORA · INDICATIVO OFICIAL

E. A. R. 36

Concesionario: CARLOS S. SALCEDO, Maura, 7

Construcción, Reparación y venta de Aparatos Radiotelefónicos

REPARACIÓN Y CARGA DE ACUMULADORES

Anuncio de Radio Almansa en el periódico *El Eco de Almansa* (1927).
Juan Luis Hernández Piqueras, «Días de radio en Almansa. Historia de
la radiodifusión almanseña desde los años veinte hasta la actualidad»,
Jornadas de Estudios Locales. Medios de comunicación en Almansa,
Almansa, n.° 14 (mayo de 2019)

dor Salcedo es dado de alta en el Registro Oficial de Operadores
Radioaficionados y, en junio de 1927, terminada la fase de experimentación y pruebas, comienza a emitir oficialmente en onda
corta con la emisora Radio Almansa y el indicativo de frecuencia
EAR-36. Se crea así la primera emisora de radio en Almansa y
en la provincia de Albacete. Los equipos se instalan en la calle
Maura número 7, hoy calle Nueva.

«La estación EAR 36», *EAR*, Madrid, n.° 32 (15.12.1927), p. 1. EA4DO

Equipos emisores de la emisora Radio Almansa EAR-36.
Juan Luis Hernández Piqueras, «Días de radio en Almansa. Historia de
la radiodifusión almanseña desde los años veinte hasta la actualidad»,
Jornadas de Estudios Locales. Medios de comunicación en Almansa,
Almansa, n.° 14 (mayo de 2019)

Tras un sin fin de pruebas, un día entra en el estudio el amigo y le comenta que se oye muy bien. Lo demás, dice el radiopita, es «coser y cantar. De la palabra a la música, del piano al sexteto, de la corriente un poco sucia a la continua pura; todo vino sin gran resistencia». Es importante recordar que el mismo Salcedo indica que, a fines de 1927, hay instalados, «para escuchar a EAR 36», unos trescientos receptores de galena y unos sesenta y cinco de lámparas, con onda de sesenta metros. Almansa, dice, «la población de las ondas cortas y yo... (no quiero ocultarlo a mis OM's) me siento el *padre de la criatura*»[4]. En la revista se afirma que la obra de cultura que Salcedo desarrolla «es un ejemplo digno del caluroso elogio que le tributan en justicia los aficionados a la radiofonía». Trasmite desde su estudio, en especial, distintos eventos musicales.

Pero la radio comercial y en onda media comienza su andadura en la ciudad de Albacete, al amparo como las emisoras de Toledo, Ciudad Real o Talavera de la Reina, del decreto de fecha 8 de diciembre de 1932[5]. Su artículo primero establece que queda facultada la Dirección General de Telecomunicación para autorizar la instalación de estaciones radiodifusoras de pequeña potencia y carácter local, con las condiciones siguientes: documentos que acrediten la nacionalidad española del solicitante; dictamen favorable del Ayuntamiento correspondiente; y memoria técnica y descriptiva de instalación y servicio que se propone desarrollar, acompañada de planos teórico y de detalle de la emisora, con todos los elementos que contenga, desde el generador primario hasta el sistema de radiación, y un plano del lugar de emplazamiento y de su acceso desde la vía pública.

Antonio Cuevas Belmonte pone en marcha en 1933 la emisora EAJ 44, Radio Albacete, que en 1936 emite de 13:30 a 15:00 y de 21:00 a 23:30 (de julio a septiembre solo desde las 21:30 hasta las 24:30) con las voces de Maruja Giménez Sánchez, Pilar García Rodríguez o Felipe Igarza Serna. Tiene la dirección en la calle Mayor, 53, la potencia máxima permitida (200 vatios) y 200,1 m. de frecuencia.

También en 1933, con el distintivo de EAJ-49, empieza su emisión Radio Toledo. La propiedad es de Pedro Pastor, concesionario asimismo de Radio Las Palmas. Las emisiones oficiales de prueba se inician en septiembre, aunque no se normalizan hasta 1934. Es el primer director Manuel Martín y a este le sucede el valenciano y funcionario de telégrafos, Ángel Aguilar Navarro. Emite, en sus primeros años, desde la calle Sillería, 14, de 17:00 a 18:30 y de 21:00 a 22:30, con 200 vatios de potencia y 200 de frecuencia.

En 1932 se concede licencia de apertura a la Empresa Radioeléctrica, propiedad de Eduardo Valentín Maroto y Francisco Fernández Tejeda, de Madrid, para la emisora EAJ-65, Radio Ciudad Real, aunque no se pone en funcionamiento hasta 1934, en la calle Ramón y Cajal, 2, con 200 vatios de potencia y 201,1 de frecuencia. También con la concesión a Empresa Radioeléctrica comienza a funcionar Radio Talavera de la Reina, EAJ-67, con domicilio en la calle Mayor, 3, con 200 vatios de potencia y 201,1 de frecuencia.

En el caso de Ciudad Real, en la noche del 9 de diciembre se inaugura la emisora, con la presencia del sacerdote José Jiménez

RADIO ALBACETE E. A. J. 44

Longitud: 200 m. 0'200 kw. 1500 kiloc.: **P. C. Villaleal, 12**

Emisiones: de 14 a 15'30 y de 21'30 a 23'30

**Don
Felipe Igarza Serna**

Nació en Albacete el 29 de Junio de 1905. Está dotado de una gran educación y es muy simpático, por lo que los radioescuchas de esta Emisora, se complacen en que sea el Locutor insustituíble.

**Señorita Maruja
Giménez Sánchez**

Nació también en Albacete, el día 10 de Marzo de 1914. Muy amable y simpática, que cautiva al que la oye. Está muy bien educada y sabe hacerse querer por las dotes que está poseída.

— 80

Radio Albacete, EAJ- 44,
en J. Arias Cardona, *Guía de las emisoras de radio de toda España*,
Barcelona, 1933, p. 80

Manzanares, que bendice los locales. El solemne acto comienza a las diez de la noche con la intervención de las principales autoridades locales y provinciales y se sirve un vino de honor. Concluye a la una de la madrugada con el Canto a la Mancha, del solanero Tomás Barrera Saavedra, interpretado por Marcos Redondo Valencia. El gobernador civil, Alejandro Pérez Moya, habla ya en las primeras palabras pronunciadas desde el micrófono de Radio Ciudad Real del fin principal de la emisora: contribuir al enriquecimiento cultural de los manchegos (en esas fechas el analfabetismo es en la provincia del cincuenta y cinco por ciento de la población, uno de los porcentajes más altos del país). Conferencias, recitales de poesía, actuaciones musicales de grupos y asociaciones de toda la provincia, etcétera, retransmitidas por las ondas locales, constituyen la programación en los primeros tiempos.

La emisora subsiste básicamente gracias a la publicidad. Elsa Vela Derosa, esposa de uno de los propietarios, hija del compositor y violinista Telmo Vela Lafuente y alma de la emisora durante muchos años, recuerda en una entrevista, publicada en el diario *Lanza*[6], que cuesta trabajo romper la mentalidad de los manchegos:

> (...) al principio no era fácil conseguirla porque las casas de Comercio llevaban el nombre del dueño o de su padre y cuando ibas a ofrecerle un contrato te decían qué barbaridad, el nombre de mi padre pregonado por las ondas. Entonces se nos ocurrió la posibilidad de regalarla para comprobar si el resto de la gente se animaba, de tal forma que al primero que se lo propusimos fue a don Lorenzo Montero, que era dueño de una tienda de coloniales. Esta táctica nos dio buen resultado. Esta publicidad gratuita se dio a este señor como contraprestación a que nos dejase colocar la contraantena en una vivienda que tenía al lado de la emisora.

Hasta aquí la descripción de las emisoras que se pusieron en funcionamiento durante la Segunda República, concretamente en 1933 y 1934. Cuenca y Guadalajara no contarían con emisora propia y emisiones regulares hasta pasada la Guerra Civil. No obstante, se puede recordar la existencia en la ciudad de Cuenca, durante algunos meses de los años 1936 y 1937, de una emisora

RADIO TOLEDO E. A. J. 49

Longitud: 200 m. 0'200 kw. 1500 kiloc. :: **Sillería, 14**
Emisiones: de 17 a 18'30 y de 21 a 22'30

Don Angel Aguilar Navarro

Nació en Liria (Valencia) el año 1887. Es funcionario técnico del Cuerpo de Telégrafos, ejerciendo el cargo de Locutor en esta Emisora, con gran complacencia de los radioyentes.

ᘓ

— 84

Radio Toledo, EAJ- 49,
en J. Arias Cardona, *Guía de las emisoras de radio de toda España*,
Barcelona, 1933, p. 84

de radio. Efectivamente, el 30 de septiembre de 1936 se inaugura la emisora perteneciente a la CNT, con el distintivo E. A. 4 Cuenca, cuya existencia conocemos gracias a *Heraldo de Cuenca*. Aparte de otras noticias, el número de 5 de octubre tiene abundante información sobre el tema[7].

Es preciso indicar que el periódico *Heraldo de Cuenca* se declara «Semanario independiente y de información», pero está en la órbita de Izquierda Republicana. Comienza la información constatando la necesidad de un medio de comunicación con el público tan importante y valioso como la radio y la CNT hace realidad esa aspiración de Cuenca. El miércoles 30 se pone en marcha la emisora. Elías Cruz Moya, presidente de la Federación Provincial de Sindicatos de Trabajadores, dirige la palabra desde el micrófono y el público escucha «su sincera palabra con respeto y cariño».

El jueves 1 de octubre se verifica la inauguración oficial e intervienen representantes de partidos y organizaciones, así como autoridades y representantes de la Prensa, previamente invitadas. Inicia el acto Elías Cruz Moya y toman la palabra después Máximo Parrilla González, gobernador civil; Fernando Jaén Álvarez, por Izquierda Republicana; Emilio López Álvarez, en representación de la Prensa, Daniel Calvo Portero, por el Socorro Rojo Internacional (director de *Heraldo de Cuenca* y autor de una conferencia radiada por la emisora titulada *Labor en la retaguardia*); Fernando Garrido Cavero, por el Sindicato de Médicos; y al final «el camarada Caballero, con cálida y elocuente palabra» dirige una alocución a los oyentes, por la que merece grandes elogios.

El viernes 2 de octubre, dado que no pueden asistir a la inauguración oficial, dirigen la palabra desde el micrófono, «con elocuentes discursos», Enrique Girón Bustindui, del Partido Comunista; Fernán Gómez, de la Junta de Defensa; y José García Pradas, director del periódico *CNT*. La audición es «escuchada por numeroso público» y la presentación corre a cargo del camarada de la CNT, Elías Cruz Moya, que pronuncia «briosas y elocuentes palabras».

Todos los días, la estación emisora emite desde las 17:00 hasta las 20:00 horas, por onda de 45 y medio, y tiene establecido un servicio especial de socorro e información. Además del esfuerzo de los militantes cenetistas conquenses, la dirección técnica es del representante de Philips en Cuenca, Sr. Barrachina. En el semanario se pide...

(...) corresponder con la ayuda moral y material de todos los conquenses a la que otros suponemos darán forma en su día para llegar a convertir en emisora potente y normal lo que hoy es una estación modesta, aunque bien instalada y en funcionamiento perfecto.

Según los datos reunidos, son las primeras emisoras que funcionan en nuestras provincias gracias al trabajo de hombres y mujeres ilusionados con el nuevo medio de comunicación. Salvo la emisora anarquista que, lógicamente, tiene una dedicación predominante a la acción propagandística, el resto tiene una programación eminentemente musical y cultural. Conciertos variados, ópera, zarzuela, conferencias, poesía, etcétera, se emiten hacia los rudimentarios receptores de la época, causando asombro y curiosidad. Poco a poco, lentamente, la información sobre cuestiones variadas y la publicidad es introducida en la programación. Son años plagados de dificultades, propias de los comienzos, pero también tiempos de la pasión en el trabajo, característica de los pioneros.

Además hay emisoras de onda corta particulares, ya citadas. En 1936, están autorizadas en toda España un total de 400 (118 corresponden a Cataluña), según el *Anuario*. En la región parece que solo funcionan dos: la EA 4 AC, de Luciano García López (Telégrafos), en Guadalajara y la EA 5 AH, de Aureliano Botella (Pasaje de Lodares), en Albacete.

Finalmente, hay que recordar a los aparatos de radio, que llegan, en buena lógica, antes que las emisoras. En la provincia de Ciudad Real, por ejemplo, uno de los primeros, según el diario *El Pueblo Manchego*, se escucha en la localidad de Malagón a fines de 1924, de la mano del señor García Dorado[8]. Otro llega a Ciudad Real a comienzos del año siguiente, concretamente a la Academia General de Enseñanza, como una herramienta docente más[9]. Se trata, según se explica en el *Boletín* del Centro, de «oír todas las estaciones transmisoras europeas».

Y al hablar de aparatos es preciso mencionar, aunque sea con brevedad, a los comerciantes de radios, pues ayudan a tener una idea aproximada de la extensión e importancia del fenómeno. El ya citado *Anuario* de 1936 registra comerciantes de radio, aunque es lógico pensar que la mayoría vende otros productos, en las siguientes poblaciones de la región: Albacete, Alcázar, Almansa, Ciudad Real, Cuenca, Cuerva, Daimiel, Guadalajara, Hellín, Jadraque, Manzanares, Motilla de Palancar, Ocaña, Orgaz, Puertollano, Quintanar de la Orden, San Clemente, Santa Cruz de Mudela, Sigüenza, Socuéllamos, Talavera de la Reina, Tarancón, Tobarra, Toledo, Villarrubia de los Ojos y Yeste. No obstante, el aparato de radio es un elemento poco extendido todavía en Castilla-La Mancha antes del comienzo de la guerra.

NOTAS

1 *EAR*, Madrid, n.º 35 (marzo de 1928).

2 *EAR*, Madrid, n.º 26 (15.06.1927), pp. 1 y 2.

3 *EAR*, Madrid, n.º 32 (15.12.1927), p. 1.

4 *EAR*, Madrid, n.º 32 (15.12.1927), p. 1.

5 *Gaceta de Madrid* (13.12.1932), p. 1829.

6 *Lanza*, Ciudad Real (20.01.1995).

7 *Heraldo de Cuenca* (05.10.1936): «Los Camaradas de la CNT instalan una emisora de radio», p. 4; «Más emisiones de radio», p. 1; «Charlas del Socorro Rojo Internacional. -La de ayer de nuestro Director: "Labor en la reta-guardia"», p. 5.

8 *El Pueblo Manchego*, Ciudad Real (21.11.1924).

9 *Boletín de la Academia General de Enseñanza*, Ciudad Real (julio de 1925).

● DELEGACIONES DE LA
UNION DE RADIOYENTES.

UNA OBRA DE INTERES
NACIONAL

La radio ha llegado a ser un factor de primer orden en la vida española. La UNIÓN DE RADIOYENTES, cuyo objeto es la defensa de los intereses de la radio y el mejoramiento de las emisiones, está extendida por todo el País.

Usted debe contribuir a esta obra nacional. Usted disfruta diariamente de la radio y es un deber de justicia prestarla apoyo llenando el boletín inmediato.

UNIÓN DE RADIOYENTES
Domicilio provisional: Av. Pi y Margall, 10
Apartado 745 - Madrid

BOLETÍN DE INSCRIPCIÓN

Don
domicilio
desea inscribirse como socio de la UNIÓN DE RADIOYENTES
y aporta mensualmente la cantidad de
con destino a las emisiones de la estación
de   de 192
ONDAS - 31 - X - 1926

CUOTA MÍNIMA: UNA PESETA MENSUAL

«Delegaciones de la Unión de Radioyentes, muestra de una importante extensión por toda España», *Ondas*, Madrid (31.10.1926), p. 28. BNE

6

Los inicios de la radio en España son difíciles debido a los problemas técnicos y a la precariedad económica. Radio Ibérica, EAJ-6, comienza a emitir en 1923 en Madrid, aunque solo consigue su distintivo en 1924 con el número 6. Es decir, es la primera emisora en España, pero no la primera en conseguir una licencia para hacer sus emisiones de forma legal. Detrás de ella hay dos empresas, la Compañía Ibérica de Telecomunicaciones y la Sociedad de Radiotelefonía Española, dedicadas a la fabricación de aparatos de radio.

La situación cambia con la formación de Unión Radio, que en pocos años integra un buen número de estaciones de radio existentes en las grandes ciudades de España, como Barcelona, Bilbao, Cádiz, Madrid, Salamanca o Sevilla, entre otras. También consolida la edición de la revista *Ondas*, que vive hasta 1936, y extiende por todo el país la asociación Unión de Radioyentes. Juan Carlos Rodríguez Centeno analiza bien la industria de la radio española en sus orígenes y lo hace mediante la publicidad en la revista *Ondas*, por lo que no procede incidir aquí en la cuestión. Incluso, en 1927, integra también a Radio Ibérica.

Pero sí es conveniente evocar alguna referencia de prensa de la época, como la que aparece a comienzos de 1925 en la revista *Radio*, sobre el nacimiento de la empresa, con el título «Unión Radio quiere servir a España»[1]. En el ambiente flotan con insistencia desde hace poco tiempo palabras como «radio, telefonía sin hilos, broadcasting, radiodifusión», casi desconocidas hace apenas un año, pero que hoy día se «repiten una y otra vez con familiaridad y se oyen como algo que está íntimamente unido a nuestra existencia».

Emisora Radio Ibérica. En el centro, Adolfo de la Riva, técnico y uno de los fundadores de Radio Ibérica. Foto de Alfonso Sánchez Portela. Archivo General de la Administración

El autor anónimo escribe que unos meses han sido suficientes para conmocionar a todas las clases sociales,

> (...) para sacarlas de su indiferencia y hacerlas mirar con curiosidad, cuando no con verdadero fanatismo, hacia esta última manifestación del genio humano, más revolucionaria, más enérgica, de más bienhechores frutos que la imprenta misma.

Habla de la fiebre que el mundo de la radiodifusión despierta, de la importancia que tiene en la vida y en desarrollo de las naciones. Es más, se puede afirmar, llega a decir, que...

> (...) hoy día el grado de civilización de un pueblo puede medirse por el del desarrollo que en él alcance el arte de la radiodifusión, desarrollo cuya medida no da el número de estaciones instaladas, sino la calidad y la variedad de los programas que se emitan, en una palabra, la bondad del servicio que el público reciba.

Pero, ¿qué contenidos debe tener un buen servicio de radiodifusión? La respuesta está en la prensa de la época y se puede resumir así: audición de los mejores artistas, de teatros, conferencias importantes de las diversas academias y otros centros de cultura, publicidad amena e instructiva, conciertos orquestales, acontecimientos deportivos explicados desde el mismo campo en que se desarrollan, etcétera. Sin embargo, tanto se repite ese programa y tan lejos está de la realidad presente, que ya se empieza a considerar «como lejana utopía, a pesar de que no faltan gentes con entusiasmo y capacidad suficientes para llevarlo adelante».

Según la experiencia del exterior, el desarrollo de tan amplia programación solo es posible mediante una unión de esfuerzos y una abundancia de recursos de la que hasta ese momento se carece. Una empresa única, por grande que sea, no puede soportar sola los enormes gastos que suponen...

> (...) la instalación de multitud de líneas telefónicas, de transmisiones y receptores de ondas cortas para comunicar lugares distantes con las estaciones emisoras; de todas estas cosas, sin las cuales la radiodifusión en lugar de seguir su curva ascendente

Radiomanía.

«Radiomanía», *Ondas*, Madrid, n.º 1 (01.06.1925), p. 5. BNE

está fatalmente destinada a un enmohecimiento que con todas nuestras energías debemos evitar.

Por eso surge la idea, continúa el autor, de constituir Unión Radio, como agregación de fabricantes, vendedores, asociaciones y oyentes para la Radiodifusión Española, una organización fuerte, sólida, que desde el momento de su nacimiento cuente con amplitud de medios y empuje para llevar a buen puerto lo que solo con plenitud de medios puede realizarse. Así, Unión Radio...

(...) aspira a ser el centro hacia el que converjan las energías dispersas, las ansias de progreso que hoy día se encuentran diseminadas, las que hasta ahora hacían un estéril derroche de fuerza y trabajo.

Para lo cual establece un servicio de radiodifusión que nada tenga que envidiar al que ofrecen los que se consideran ejemplares

«La sala de transmisión de Unión Radio, que contiene la magnífica estación Marconi, tipo Q, de 6 kw, con la que se han verificado las interesantes

transmisiones del III Congreso Eucarístico celebrado en Toledo», *Ondas*, Madrid (31.10.1926), p. 28. BNE

en este terreno. Y buena garantía de la solidez en que tales propósitos se asientan son los nombres de las entidades que aportan sus elementos para su constitución:

A. E. G. (Telefunken)
Aeolian S. A.
Compañía general de Electricidad (Lámparas Metal)
Compañía Nacional de Telegrafía sin Hilos (Marcani)
Compañía Telefónica Nacional de España.
Electrodo S. A.
Omniun Ibérico Industrial (Radiola)
Sociedad Española del acumulador Tudor
Sociedad Ibérica de Construcciones Eléctricas (Radio Corporation)
Teléfonos Bell S. A. (Western)

Como puede observarse, casi todas las empresas son de capital extranjero, es decir, son las que dominan el mercado español en manos, casi en su totalidad, de las marcas foráneas. Esa fuerza hace que desde el nacimiento de Unión Radio en 1925 aglutine casi todas las emisoras más importantes existentes en España, hasta formar en la práctica un monopolio del que solo escapaban estaciones pequeñas e irrelevantes desde el punto de vista comercial.

Todas estas Compañías, se escribe en el artículo, aportan su concurso inicial y se comprometen a contribuir al sostenimiento de Unión Radio mediante contribución privada, «proporcionada al número y clase de aparatos vendidos», igual que un gran número de comerciantes de mayor relieve. Por tanto, Unión Radio, hace una emisión de acciones...

al alcance de todas las clases sociales, poniendo así en práctica una de las ideas principales que inspiraron su constitución: que el negocio de radiodifusión esté en manos de todos los interesados en su desarrollo.

Y se anuncia la instalación de su primera estación en Madrid, para lo que adquiere «una magnífica emisora de doble equipo, de 6 kilovatios de potencia en el generador y con un perfecto sistema de ondulación». Con ello, se concluye, la radiodifusión española entra en una nueva era, que solo es posible con «unión de esfuerzos, unidad de miras, suma de voluntades... He aquí lo necesario para llevar a cabo obras grandes».

El 1 de junio aparece, como se ha visto, el primer número de la revista *Ondas* y el 17 del mismo mes el rey Alfonso XIII inaugura EAJ-7 Radio Madrid. Ricardo Urgoiti se convierte en el primer director general y en verano comienza la experiencia de la radio móvil, como se puede ver más adelante.

NOTA

1 *Radio*, Madrid, n.º 2 (28.02.1925), p. 5.

«La antena de la "Unión Radio"
instalada en la terraza de uno de los mejores edificios de la Gran Vía»,
Nuevo Mundo, Madrid (19.06.1925), p. 26. BNE

7

A pesar de las dificultades, la radio se extiende poco a poco. Se pueden ver algunos indicios de cómo la radio gana espacio y espacios. Por ejemplo, en Fuente el Fresno, un pequeño pueblo de la provincia de Ciudad Real, el corresponsal de *El Pueblo Manchego*, que firma solo con la letra C., titula a su nota «Fuente el Fresno ¡Ya tenemos la radiotelefonía!». Explica que recibida la invitación de Cesáreo N. Hernández, alcalde de la población durante unos años y representante en la provincia de Casa Badía, pudo escuchar con un aparato Radiovox emisiones ofrecidas por Radio Ibérica, de Madrid, como «conciertos y motivos diferentes de Londres, París, etcétera a donde nos trasladaba nuestra fantasía, haciéndonos la ilusión de que vivíamos en una de aquellas capitales». En un pueblo como Fuente el Fresno, que no tiene un lugar donde poder pasar un rato de entretenimiento será, escribe, donde más admiradores tenga la radio pues con un reducido coste de 350 pesetas, que cuesta una Radiovox, se puede tener radiotelefonía[1].

Mucho más, receptores en los automóviles. El capitán Plugge, miembro del comité de la emisora británica BBC y «entusiasta sinhilista inglés», llega a Madrid y es noticia en la revista de Unión Radio[2]. Recorre Europa y en su automóvil lleva un receptor de radio y «al mismo tiempo que admira las tierras desconocidas y los atrayentes lugares de la belleza pintoresca percibe el misterio de las ondas».

De la radio individual a la colectiva, escuchada por parte de los clientes en bares y restaurantes: en un periódico se anuncia un gran acontecimiento[3]. Se trata de la inauguración en Calahorra,

El sinhilista inglés Plugge recorre Europa con su automóvil, en el que lleva un receptor de radio, *Ondas*, Madrid (23.08.1925), p. 4. BNE

del bar «Vista Alegre» (Antigua posada de la Estación) «dotado de todos los adelantos modernos, y, contando con un soberbio aparato receptor de radio-telefonía». Como reclamo para los turistas. En Puigcerdá, el director del Fomento de Turismo, Miguel Pous, coloca en su local de la calle Mayor un receptor de radio, que «constituye la admiración de los transeúntes puesto que estando el local en planta baja, todos los que pasan por el indicado lugar se estacionan frente de él para recrear sus oídos»[4].

Desde un domicilio particular. Todas las noches que emite Unión Radio aparecen dos altavoces que dan una clara y potente audición desde uno de los balcones de la casa número 7 de la ronda de Atocha, en cuyas inmediaciones se reúne numeroso público, que escucha la transmisión, que se percibe claramente hasta unos 250 metros. Desde la revista *Ondas* se felicita por ello «al gran propagandista de la radio el ingeniero señor Ochoa y a los vecinos de la barriada, que escuchan sin antena, sin tierra y hasta sin aparato las audiciones de Unión Radio»[5]. Por supuesto, para la audición de conciertos y otros acontecimientos: A las diez de la noche, en el receptor de radio instalado al efecto, se «recogerá el concierto íntegro de la estación de Oviedo, y a las 11,45 se recibirá el de la nutrida orquesta de la Unión-Radio de Madrid»[6].

Y, cómo no, la radio llega a los estadios de fútbol. Por ejemplo, el Mallorca Sport comunica la instalación en su campo de juego de un potente aparato receptor de radio, de 6 lámparas,

> para que los aficionados que asistan al partido Mallorca-Athlétic puedan al mismo tiempo seguir las incidencias del que se celebrará el mismo día y hora en Las Corts entre los grandes rivales catalanes Barcelona y Español[7].

Claro, que los receptores se extienden por doquier. Una última muestra de una revista profesional, en la que se inserta el suelto siguiente: «En Rusia hay en varias ciudades, salones donde están colocados receptores potentes para dar posibilidad al público de escuchar gratis las transmisiones de toda Europa»[8].

NOTAS

1 *El Pueblo Manchego*, Ciudad Real (02.02.1925), p. 3.

2 *Ondas*, Madrid (23.08.1925), p. 4.

3 *La Rioja*, Logroño (06.06.1925), p. 3.

4 *El Día Gráfico*, Barcelona (09.07.1926), p. 4.

5 *Ondas*, Madrid (23.08.1925), p. 27.

6 *Región*, Oviedo (11.09.1926), p. 4.

7 *Correo de Mallorca*, (02.01.1929), p. 3.

8 *Antena*, Madrid, n.º 20 (enero de 1930), p. 14.

«Desde un rincón de la sierra de Vicort [provincia de Zaragoza], estas lindas mañicas sintonizan entusiasmadas y su muñeca, también disfruta del radioconcierto», en «Una cruzada de la *Revista Radio* para la divulgación del sinhilismo en España», *Radio*, Madrid (06.06.1925), p. 1. BVPH

8

Tiene importancia en el desarrollo de la radio el movimiento conocido como sinhilismo, nombre dado a los pioneros de la comunicación sin cable y, por extensión, a los radioaficionados, que tanto experimentan lo que se conocen también como telegrafía sin hilos. Fernando Méndez Leite, en un artículo titulado «La misión ética del sinhilismo español»[1], cita en primer lugar su misión informativa: «instantáneamente e indudablemente con mayor prontitud que el periódico, nos comunica toda clase de noticias de índole económica, financiera, política, etc.». Hay que tener en cuenta, que estamos en los años veinte del siglo pasado. La información periodística nunca puede ser actual, pues necesita un cierto tiempo para preparar la tirada, distribuir los ejemplares, etcétera. Y dado el interés en obtener una información rápida, sobre todo la referida a asuntos financieros o cambios internacionales, se entiende la «creciente importancia del movimiento sinhilista mundial». Esto demuestra que el sinhilismo realiza su noble y ética misión:

> (...) la educación de los pueblos al interés y comprensión de múltiples problemas, la elevación de las masas a un nivel de altruismo y cultura. Es una misión importantísima, cuya quinta esencia consiste en la aproximación de los pueblos y en la propagación de altos ideales capaces de ennoblecer y tranquilizar al mundo.

Por otra parte, la publicación *Radio* inicia a mediados de 1925 una campaña por las principales poblaciones españolas para fomentar y extender hasta donde lleguen sus fuerzas y conocimientos, «la popular y simpática ciencia del sinhilismo»[2]. Tiene el significativo título de «Una cruzada de la Revista RADIO para la divulgación del sinhilismo en España». Tratan, mediante conferencias, exposiciones de aparatos y accesorios de radio, demostraciones prácticas, audiciones, etcétera, etcétera..., de «encauzar las actividades y conocimientos del aficionado por el camino que más convenga a sus intereses».

Las personas que hacen la revista creen conveniente para los aficionados al mundo de la radio la presencia de fabricantes interesados, que por su gran experiencia y capacidad técnica, hacen más fácil la labor de propaganda. Las exposiciones, distintas en duración según la importancia de cada ciudad, duran de tres días a una semana y permiten al público instruirse debidamente, aclarando las demostraciones prácticas, lo que no consigan las conferencias. Piden para la labor divulgadora el patrocinio de entidades que tienen interés en llevar la exposición a sus respectivas poblaciones.

Este tipo de propaganda a favor de la radio es utilizada, se advierte, en otras naciones con verdadero éxito, haciendo en ellas gala de un gran lujo de detalles. Los impulsores de la revista *Radio* y de la campaña son más modestos, por ser sus medios limitados, y «no tener como muchos colegas extranjeros, subvenciones que permitan hacer como sería nuestro ideal, una grandiosa manifestación sinhilista». Mas, si no hay grandes medios no falta buena voluntad y entusiasmo e intentan...

> (...) propagar esta ciencia, que como medio educativo, sobre todo en los pueblos en que existen centros de enseñanza, la radio nos parece la llamada a solucionar este problema que debe ser para todo buen español de vital interés.

Creen, finalmente, que este sistema de divulgación aporta ventajas muy notorias y esperan que por este medio «la nación entera llegue a apreciar el inmenso valor que para la cultura del país, representa el fomento de la radiotelefonía».

O sea, se produce en todo el mundo una auténtica fiebre por el movimiento llamado «sinhilismo», como reflejo de la nueva tecnología que se expande. Se trata claramente de una nueva fase,

El «jazz-band» de moda.

«Inauguración de la Radio-móvil»,
Ondas, Madrid (09.08.1925), p. 7. BNE

una progresión, de los avances anteriores, telegrafía de Morse y teléfono de Bell. Los contenidos de estas primeras emisoras se dirigen a lo que habitualmente se denomina «ocio de masas», parejo al que los sociólogos identifican, en referencia al primer tercio del siglo XX, como ascenso de la sociedad de masas, resultado de cambios sociales y culturales, crecimiento económico, innovaciones tecnocientíficas y aparición de nuevas fuerzas políticas y sociales. Esa emergencia de la sociedad de masas toma carta de naturaleza en España y su desarrollo está acompañado, como en el resto de Europa, de transformaciones y fuertes convulsiones. La sociedad española experimenta una importante transformación estructural, con tránsito entre el modelo agrario e industrial, a la vez que cobran fuerza nuevos grupos sociales, como las clases medias, que compiten con el predominio tradicional de la oligarquía.

Ese ocio de masas radiofónico está compuesto por teatro, conciertos musicales, crítica literaria, conferencias de todo tipo, entrevistas o programas infantiles. Es un período de «primeras veces», algunos de cuyos hitos puede verse por la cronología de Virgilio Soria o noticias de prensa. Así, en 1905 se establece por el Cuerpo de Telégrafos la primera comunicación radiotelegráfica de servicio público en España, entre Ferrol y La Coruña; en 1913 se realizan las primeras comunicaciones radiotelefónicas a pequeña distancia; en 1920 se hace en Valencia la primera emisión radiofónica; el 22 de diciembre de 1923 se transmite por vez primera el sorteo de Lotería de Navidad a un público congregado en la Puerta del Sol madrileña[3]; el 8 de octubre de 1925, la primera corrida de toros, con el matador Juan Belmonte en el cartel, junto a su hermano Pepe y el Niño de la Palma[4]; el 15 de mayo 1926 la retransmisión es de un combate de boxeo entre Erminio Spalla y Paulino Uzcudum Eizmendi, desde la plaza Monumental de Barcelona[5]; o el 15 de mayo de 1927, el primer partido de fútbol, entre los equipos vascos Real Unión Club de Irún y Arenas Club de Guecho, en la final de la Campeonato de España, jugada en Zaragoza[6].

NOTAS

1 *Radio*, Madrid (10.01.1925), p, 5.

2 «Una cruzada de la Revista *Radio* para la divulgación del sinhilismo en España", *Radio*, Madrid (06.06.1925), p. 1.

3 *El Sol*, Madrid (23.12.1923), p. 1.

4 *La Voz*, Madrid (08.10.1925), p. 8.

5 *El Liberal*, Madrid (15.05.1926), pp. 1 y 2.

6 *ABC*, Madrid (15.05.1927).

¡El mejor regalo de Pascuas!

Un aparato de RADIO de la marca conocida mundialmente «PHILIPS-RADIO» enchufado a la corriente.

Lo más práctico. Lo más económico.

No comprar marcas desconocidas.

ENTREGAS EN EL ACTO

Vea usted los modelos de esta marca en casa VELASCO.

APARATOS Y DISCOS

PLAZA DE SAN AGUSTIN, NUM. 7 (junto al «Cine Toledo»)

APARATOS DE RADIO

sistema

MARCONI

Garage Padrós
Ciudad Real

Anuncios publicitarios:
Arriba, página de publicidad en el diario *El Castellano*,
Toledo (27.12.1930), p. 1. CECLM
Abajo, *El Pueblo Manchego*, Ciudad Real (01.04.1926), p. 3. CECLM

9

A partir de 1925 los acontecimientos se precipitan. El 17 de junio de ese año se inaugura Unión Radio, que emite con el indicativo EAJ-7, cuyas pruebas son satisfactorias, tanto por potencia como calidad del sonido. En realidad, es posible afirmar que comienza una nueva etapa en la radiodifusión española[1]. Asiste el monarca y parece que es la primera vez que habla ante un micrófono. En su estancia en la emisora recibe las explicaciones oportunas por parte del director, Ricardo Urgoiti Somovilla, y del «ingeniero de la casa Marconi, Mr. Dewis, traído expresamente por la empresa Unión Radio para dirigir sus instalaciones»[2]. Por supuesto, la prensa madrileña se hace amplio eco del evento.

La emisora está situada en los Almacenes Madrid-París, en la Gran Vía madrileña y el locutor Luis Medina da paso a Alfonso XIII, que inaugura las instalaciones. El acto, emitido en directo, cuenta con la presencia del Consejo de Administración de la emisora, a cuyo frente está Valentín Ruiz Senén, industrial y financiero vizcaíno. Pone de relieve el acierto que preside la labor de la nueva Empresa radiodifusora[3], «que debe ser estimulada en todo momento por su condición científica y patriótica como por el porvenir económico que representa para el país».

También asisten el alcalde de Madrid, Fernando Suárez de Tangil y Angulo, conde de Vallellano; el presidente de la Diputación, Felipe Salcedo Bermejillo; o directores de la periódicos madrileños. Al frente de la dirección de Unión Radio está Ricardo Urgoiti, ingeniero de Caminos, cuya familia está muy presente en los mundos empresarial, periodístico y editorial, con el control, además de la compañía Papelera Española, de los diarios *El Sol* y *La Voz*, la agen-

«S. M. el Rey leyendo su discurso ante el micrófono de la nueva estación emisora Unión Radio en la emisión inaugural, con asistencia de las altas

personalidades de la nueva entidad», Fotografía de A. Cámara, *Nuevo Mundo*, Madrid (19.06.1925), p. 26. BNE

cia de noticias Febus, la Sociedad de Prensa Gráfica -que edita *La Esfera, Mundo Gráfico* y *Nuevo Mundo*- y la editorial Calpe.

El cuarteto de Madrid, dirigido por el maestro Francés, interpreta un concierto compuesto especialmente de obras españolas. Monarca e invitados son obsequiados con un espléndido *lunch* y, a la una de la tarde, Alfonso XII abandona los locales de la Radio. Se indica en el diario *La Voz* que es aplaudido por el numeroso público congregado en la Gran Vía.

Durante la trasmisión del acto muchas personas congregadas pueden oír discursos y conciertos gracias a unos potentes altavoces instalados por Unión Radio en la Gran Vía. También puede seguirse el desarrollo del acto en otros lugares de la ciudad. Es el caso del local que la empresa Auto Electricidad tiene en la calle de San Agustín, 3. Allí, mediante aparatos de radio Atwater Kent, se pueden oír los discursos pronunciados durante la inauguración de la nueva estación emisora[4].

En ese momento, según la revista *Ondas*, las entidades fundadoras, es decir, aquellas que han suscrito la mayor parte del capital, son las sociedades siguientes: A. E. G. Ibérica de Electricidad, Compañía General Española de Electricidad, Compañía Nacional de Telegrafía sin Hilos, Electrodo (S. A.), International Telephone & Telegraph Comporation, Omnium Ibérico Industrial (S. A.), Sociedad Española del Acumulador Tudor, Sociedad Ibérica de Construcciones Eléctricas y Teléfonos Bell (S. A.)[5]. Como se ve, la mayor parte son empresas extranjeras.

Por otro lado, es verdad que la prensa en general recibe bien a la nueva empresa y a su emisora madrileña, que cuenta con el apoyo del rey, que es lo mismo que el aval del dictador. Sin embargo, también recibe críticas. En el número 2 de *Ondas* se incluye un largo artículo justificativo de la labor de Unión Radio. Se habla de actuación sin equívocos y diáfana. Mucho antes de inaugurarse la emisora se dan a conocer todos los proyectos iniciales «para el sostenimiento de la radiodifusión española, convencidos de que desde luego eran un beneficio para su progreso y su desenvolvimiento económico». Se antepone, se dice, el interés del público al interés de empresa y se hace un llamamiento a la unión cordial de todos los que persiguen el mismo fin, lo que demuestra claramente lo lejos que está...

(...) esa absorción fantástica que para desviar la verdad preconiza nuestro insignificante adversario, que al mismo tiempo pretende sembrar la cizaña entre las estaciones emisoras, alabando hoy a una y censurando mañana a otra, sin lograr siquiera captarse el buen miramiento de aquéllas, de quienes quiere aparecer como defensor circunstancial.

Por otra parte, las preguntas que se plantean en un denominado «boletín para los programas de Unión Radio», que se debe cumplimentar, recortar y enviar a la emisora, puede dar idea de los contenidos en esos momentos iniciales: ¿Qué clase de música prefiere usted? / ¿Qué autores le gustan más? / ¿Qué óperas prefiere usted? / ¿Que obras de teatro podrían agradarle para ser radiadas? / ¿Qué artistas de canto le agradan más? / ¿Qué artistas de varietés prefiere usted? / ¿Qué escritores le gustan más?, ¿Qué críticos de arte prefiere usted? / ¿Qué clase de conferencias le agradan?[6].

En cualquier caso, para conocer la vida de Unión Radio, el primer gran proyecto radiofónico en España, puede verse la obra de María Ángeles Afuera Heredero, *Aquí Unión Radio. Crónica de la primera cadena española (1925-1939)*, publicada en 2021. Desde su estudio se da cuenta, más o menos, de la dictadura de Primo de Rivera, la llegada de la Segunda República y su desarrollo, el comienzo de la guerra y los tres años trágicos que siguen. Y de la importancia de la revista *Ondas*, asociada al proyecto de Unión Radio desde su inicio.

NOTAS

1 *El Pueblo Manchego*, Ciudad Real, (16.06.1925), p. 1.

2 «Inauguración de la Unión Radio Madrid. El Rey dirige la palabra a los radioescuchas nacionales y extranjeros», *La Correspondencia de España*, Madrid, (17.06.1925), p. 13.

3 «Inauguración de la Unión-Radio», *Heraldo de Madrid* (17.06.1925), p. 3. O «Unión Radio. El Rey inauguró esta mañana la estación emisora», *La Voz*, Madrid (17.06.1925), p. 8.

4 *La Voz*, Madrid (17.06.1925), p. 4.

5 «La nueva emisora. Preguntas y respuestas», *Ondas*, Madrid, n.º 2 (28.06.1925), p. 10.

6 *Ondas*, Madrid, n.º 2 (05.07.1925), p. 30.

«Nuestro servicio de ayer. La lotería por telefonía sin hilos»,
El Sol (Madrid (23.12.1923), p. 1. BNE

10

Ya se puede asistir en Madrid a un acontecimiento radiado en diciembre de 1923[1]. El día 21 el diario *La Voz* comunica («*La Voz* a sus lectores. Los números del sorteo de Navidad y la telefonía sin hilos») que el día siguiente, gracias a una instalación especial de telefonía sin hilos, montada por la Sociedad Radio Ibérica, repetirá a sus lectores que acudan a las inmediaciones de su quiosco de la calle de Alcalá (próximo a Cedaceros) los números importantes del sorteo de Navidad conforme sean voceados en la Casa de la Moneda. Se instala en dicho quiosco un potente aparato receptor-amplificador con dos altavoces. Cuando se «canta» un número de premio «gordo» o «gorduelo» en la Casa de la Moneda, dicho aparato lo repite, dando primero cada cifra, resumiendo después la cantidad y añadiendo acto continuo el premio y la localidad favorecida. Además, se hace sonar una bocina.

Y se advierte que...

> (...) es la primera vez que se hace esto en España. En el Extranjero, los grandes diarios usan aparatos receptores-amplificadores que, colocados en los balcones o plantas bajas de sus oficinas y sucursales, vocean varias veces al día las noticias más importantes que reciben por telefonía sin hilos.

La Voz, en su deseo de servir al público, «recoge y aplica esta innovación científica». El diario da cuenta del evento, además de aportar en sus páginas la lista con los números premiados en el sorteo de ese año.

Por su parte, el día 23 *El Sol* destaca en primera el evento con este titular: «Nuestro servicio de ayer. La lotería por telefonía sin hilos» y lo resalta como una auténtica novedad. En el quiosco de la calle de Alcalá, perteneciente a los diarios *La Voz* y *El Sol*, ambos del grupo Urgoiti, se coloca un potente receptor, un amplificador y varios altavoces. Se trata de que las personas congregadas, algunas desde muy temprano, puedan seguir en directo el sorteo de Navidad que se celebra en la Casa de la Moneda. El quiosco se ve «rodeado de gente ansiosa de conocer esta innovación», y, a medida que avanza la mañana, el grupo se hace más grande, hasta llegar a ser un obstáculo para la circulación de vehículos.

Mediante el sistema de TSH se dan a conocer, además de los números, las ciudades a las que corresponden los premios, y otros detalles. Se destaca que es la primera vez que en España,

> y acaso en muchas naciones europeas, que se ensaya ante la multitud, en la vía pública, dicho procedimiento, y nos cabe la satisfacción de haber sido nosotros los iniciadores, con un tan magnífico resultado y un éxito tan unánime.

El servicio, instalado por iniciativa del director de *La Voz*, está a cargo de la Sociedad Radio Ibérica, instaladora de tales aparatos, «cuyas perfección y utilidad quedaron plenamente demostradas».

Pero se trata de radio fija, en este pionero caso instalada en un quiosco de prensa. Tiene que pasar año y medio para que aparezca la radio móvil. Y llega no desde Radio Ibérica sino desde Unión Radio, emisora inaugurada, como se ha visto, a mediados de junio de 1925. Pues bien, el 1 de agosto de ese año puede fijarse como fecha de inicio del sistema de radio móvil. Por la noche es posible oír el concierto de Unión Radio sin necesidad de antena, ni tierra, ni galena, ni lámpara. Basta con estar en el paseo de Rosales, en donde se sitúa, junto al kiosco de la música, la Radio móvil. Se trata de una camioneta provista de una estación receptora, una antena, un amplificador y potentes altavoces que hacen percibir el sonido en un radio superior a los quinientos metros. Esta nueva modalidad de radio, muy en uso en EE. UU., es la primera vez que aparece en España y la prensa augura un nuevo éxito a Unión Radio, «que con tanta fe labora en beneficio de los radiooyentes»[2].

«La radio-móvil de Guadalajara, propiedad del entusiasta propagandista D. Tomás Camarillo, que realiza una interesante obra radiodifusora por los pueblos de la provincia», *Ondas*, Madrid (15.08.1926). BNE

Radio móvil en Ledesma (Salamanca), «La radio en España», *Ondas*, Madrid (05.09.1926). BNE

Radio móvil en Ledesma (Salamanca),
«La radio en España», *Ondas*, Madrid (05.09.1926). BNE

«En Budapest, la radio-móvil hace propaganda por las calles, de la radiotelefonía, al mismo tiempo que anuncia artículos de comercio», *Ondas*, Madrid (17.10.1926). BNE

Y sigue durante los días siguientes. El verano de Madrid se ve sorprendido por esta nueva fórmula, que recoge las ondas y las transforma en sonido ante la presencia de numeroso público. Tanto *El Siglo Futuro* como *La Voz* hablan el día 5 de nueva edición, «como de costumbre»[3]. Pero no es solo en los barrios de la gente «importante», también llega a los barrios populares. La noche del 8 la Radio móvil llega a la zona de Cuatro Caminos y se sitúa en la Glorieta de Ruiz Jiménez. En *El Sol* se indica que...

ante las numerosas peticiones que recibe Unión Radio para que visite diversas barriadas la Radio Móvil, nos ruega hagamos saber a los radioyentes que en días sucesivos recorrerá todos los barrios de Madrid, para que el vecindario de la corte pueda deleitarse con esta nueva modalidad de la radiotelefonía[4].

El día 9 de agosto sale nuevo número de la revista *Ondas* e incluye un reportaje del evento del verano[5]. Habla de gran éxito en las audiciones de los potentes altavoces Western, de los popu-

«La radio-móvil en Marsella», *Ondas*, Madrid (14.08.1927). BNE

lares locutores Pavón y Medina, todavía llamados *speakers*, que se dirigen por radio al público congregado en Rosales. Muchas personas se acercan al «artilugio» para solicitar información del itinerario de la Radio móvil y se indica que...

(...) siempre que obtengamos el correspondiente permiso de las autoridades competentes, irá a todos los lugares céntricos y extremos de Madrid, para que las emisiones de Unión Radio puedan ser oídas por todos los madrileños, y especialmente por aquellos que no disponen en sus hogares del más modesto receptor de radio.

El día 10 la Radio móvil está presente en las calles céntricas de Madrid. Recorre la calle Princesa, Leganitos y Preciados hacia

«La radio-móvil en Marsella», *Ondas*, Madrid (14.08.1927). BNE

la Puerta del Sol, Arenal, Mayor, Carrera de san Jerónimo, Alcalá y otras. Y es que «la Radio móvil de Unión Radio ha llegado a constituir la distracción más simpática y original de los madrileños»[6]. La radio como entretenimiento llega para quedarse. Un «castizo» hace un comentario que recoge la revista *Ondas*: ya está resuelto el problema del veraneo, «porque con un abanico de perra gorda, los conciertos de la radio-móvil y la revista *ONDAS* se iba a estar en Madrid mejor que en Ostende...»[7].

La fórmula se extiende por España, como muestran algunos ejemplos. En 1925 y 1926 la Radio móvil se mueve por Guadalajara. En esta ocasión es el fotógrafo y cineasta alcarreño Tomás Camarillo Hierro (1879-1954) el que con una unidad de su propiedad recorre los pueblos de la provincia. Llega a un pueblo, sitúa su vehículo en la plaza Mayor, instala el receptor de pilas, un altavoz y una antena de cuadro en dos extremos del coche y se produce el milagro. La fotografía que he visto lo muestra en Horche, en el mes de mayo de 1926[8]. Otra unidad recorre la provincia de Salamanca en septiembre de 1926, movida por iniciativa de EAJ 22, Radio Salamanca, como muestran dos fotografías de Amalio Gombau, cuando los vecinos de Ledesma se arremolinan al lado del vehículo de la Radio móvil[9].

Y por Europa. En Budapest, la Radio móvil recorre sus calles y aporta un elemento que acompaña a la radio en su historia, la publicidad[10]. En Berlín aparece la radio de monedas. Una estación radiotelefónica receptora instalada en una calle funciona cuando cualquier transeúnte, por una módica cantidad, quiere oír un concierto radiotelefónico[11]. Por otra parte, los concursos. Dos automóviles recorren las calles de Marsella en agosto de 1928 recogiendo las emisiones de radiotelefonía. Se celebra un concurso y es premiado el propietario del automóvil que más estaciones extranjeras recoge durante los recorridos callejeros, «emisiones oídas frecuentemente por el público marsellés»[12].

El funcionamiento continúo de las diferentes emisoras se acerca al público. Es caro en principio tener un receptor, pero mediante la Radio móvil los oyentes se captan en la calle y las distintas programaciones, en las que alternan los más variados temas –artísticos, científicos, culturales, deportivos, literarios, etcétera–, ejercen, sin duda alguna, una influencia profunda en

Radio de monedas
en Berlín,
Ondas, Madrid
(17.10.1926). BNE

la inmensa legión de oyentes diseminados por todo el país. Se extiende la afición a nuevos estudios, la ilustración, el conocimiento de materias ignoradas. Se eleva, en fin, el nivel cultural general.

NOTAS

1 Se ocupan de este acontecimiento pionero los diarios del grupo Urgoiti *La Voz*, Madrid (21 y 22.12.1923), p. 8 y *El Sol*, Madrid, (23.12.1923), p. 1.

2 *La Correspondencia Militar*, Madrid (01.08.1925), p. 6; *El Siglo Futuro*, Madrid (01.08.1925), p. 2; o *El Universo*, Madrid (01.08.1925), p. 3. La revista *Ondas*, Madrid (01.01.1927) incluye un recuadro con el siguiente texto: «El 1.º de agosto de 1925 Unión Radio inauguró la Radio Móvil, que en el Paseo de Rosales y barriadas madrileñas transmitió las emisiones de dicha emisora».

3 *El Siglo Futuro*, Madrid (05.08.1925), p. 3; o *La Voz*, Madrid (05.08.1925), p. 7.

4 *El Sol*, Madrid (08.08.1925), p. 7. *El Socialista*, Madrid (08.08.1925), p. 4.

5 «Inauguración de la Radio-móvil», *Ondas*, Madrid (09.08.1925), p. 7.

6 *El Sol*, Madrid (10.08.1925), p. 4.

7 «Inauguración de la Radio-móvil», *Ondas*, Madrid (09.08.1925), p. 7.

8 *Ondas*, Madrid (15.08.1926).

9 *Ondas*, Madrid (05.09.1926).

10 *Ondas*, Madrid (17.10.1926).

11 *Ondas*, Madrid (17.10.1926).

12 *Ondas*, Madrid (14.08.1927).

«La radio-móvil en Ciudad Real», «Nuestra excursión a Ciudad Real»,
Ondas, Madrid (06.09.1925), p. 6. BNE

11

La radio llega antes, seguro, aunque al ámbito de lo privado. Pero el domingo 29 de julio de 1924, según las informaciones de prensa, se celebra el primer acto público en Ciudad Real con un receptor de radio como protagonista[1]. Lo impulsa la empresa madrileña Radio Ibérica y se trata de un concierto por radiotelefonía que tiene lugar en el salón de tertulias del Casino a las diez y media de la noche, con una banda de Madrid y «algunas obras de concurso, finalizando con la Marcha Real».

En los meses siguientes, con el título de «T.S.H.», se anuncia periódicamente, además de la programación, la emisión de un concierto organizado por Radio Ibérica. Por ejemplo, para el día 14 de agosto de 1924, desde las 19 hasta las 00:30 horas; 20 de agosto de 1924, desde las 19 hasta las 00:30 horas o 9 de septiembre de 1924, desde las 19 hasta las 00:30 horas[2].

Poco más de un año después vuelve a producirse un evento importante. La Radio móvil llega a Ciudad Real de la mano de Unión Radio en agosto de 1925, solo unos días después de su presentación en Madrid. En la revista *Ondas*, un suelto[3] indica que lo hace a petición de una representación del Ayuntamiento y su presencia se produce los días 21 y 22 «en agradecimiento al entusiasmo que el público de Ciudad Real nos viene demostrando». Es 16 de agosto y ese día en Unión Radio es posible escuchar la siguiente programación:

–Sobremesa (14:30 a 15:30), The Castillian Orchestra, con la interpretación de las siguientes obras: «¡Yo soy español!» (pasodoble), M. San Miguel; «Constantinopla» (fox), J. Duart; «Gigantes y ca-

«La radio-móvil que recorrió Madrid y Ciudad Real, llevando las ondas de Unión Radio», *Ondas*, Madrid (20.06.1926), p. 17. BNE

bezudos» (fantasía), Caballero; «Castilla», Albeniz; «El niño judío» (canción), P. Luna; «La Czarina», Chapí; noticias, anécdotas, cartelera teatral y charla; «Una página de Flammarión», interpretado por un *speaker*.

–Varietés (22:00). Programa variado, a cargo de prestigiosos artistas en su género.

–Música de baile (23:00). Jazz-Band Unión Radio.

–Cierre de la estación (24:00).

El diario *El Pueblo Manchego* está más cercano al Ayuntamiento de la Dictadura y al dictador que el otro diario, *Vida Manchega*, y que El Labriego. Proporciona noticia del evento antes, el día 13 de agosto[4]. Informa que durante los días 18 y 19 –en realidad se retrasa el evento– se celebran en el Real de la feria audiciones musicales, tarde y noche, a cargo de una importante casa de radiotelefonía de Madrid como «propaganda y que llamará poderosamente la atención del público». Para no dar lugar a entorpecimientos la Radio se instala en el paseo central del Parque, frente a la fuente Talaverana, con la zona acotada, con sillas en filas al precio de una peseta o cincuenta céntimos. Unión Radio solo solicita el pago de los gastos de desplazamiento y el pago de los empleados. Para los programas de esos días se admite publicidad en la redacción de *El Pueblo Manchego*, al precio de 2,50 palabra y 100 pesetas por dos minutos. Se dice que, entre otras casas, contratan «este novísimo medio publicitario» Anís Hervás, Anís Balmaseda, Hervideros de Fuensanta, o colegio Alfonso XIII.

El día 20 ambos diarios informan del esperado evento, *Vida Manchega* de forma aséptica y *El Pueblo Manchego* de manera propagandística y grandilocuente[5]. Se trata, como ya se ha visto, del funcionamiento de la Radio móvil, instalada por la Sociedad de T.S.H. Unión-Radio, empresa de Madrid. El primero inserta la programación para el día 21, con selección de la ópera *Tosca*, que después se cambia por *Sansón y Dalida* por enfermedad de uno de los actores; y para el 22, con programas varios de *varietés* (con la Jazz-Band Unión Radio), conciertos populares (Plaza de la Constitución, Paseo del Prado y Plaza de Cervantes) y audiciones en el Hospicio en «honor de los asilados».

«D. Gonzalo Muñoz, alcalde de Ciudad Real», «Nuestra excursión a Ciudad Real», *Ondas*, Madrid (06.09.1925), p. 5. BNE

Jacobo Díaz Escribano, gobernador civil de Ciudad Real», «Nuestra excursión a Ciudad Real», *Ondas*, Madrid (06.09.1925), p. 5. BNEp. 5. BNE.

«Excmo. e Ilmo. Sr. Dr. D. Narciso de Estenaga y Echevarría, obispo prior de las Órdenes Militares», «Nuestra excursión a Ciudad Real», *Ondas*, Madrid (06.09.1925), p. 5. BNE

En *El Pueblo Manchego* se manifiesta que las audiciones públicas se hacen para recreo de las personas concentradas en lugares abiertos, prueba de la preocupación de aquella Empresa por la difusión de la radiotelefonía. El «artilugio» va montado sobre una plataforma de automóvil y consta de un receptor Western, de 6 válvulas, y un amplificador de 3 en baja frecuencia, con unos potentes altavoces, cuyo alcance es superior a los 600 metros. Acompaña al sistema una antena de cuadro para recibir la emisión de las estaciones.

Se afirma que Unión Radio, empresa poderosa formada por potentes firmas de radio, llega al mundo de la radiodifusión a hacer cultura y patria, a ampliar el valor cultural del pueblo y a lograr...

> (...) que lleguen nuestros alientos de progreso, paz, orden y arte, al sitio más apartado del mundo y deshacer la leyenda de país de pandereta, inculcando en otras gentes el verdadero conocimiento de la España heroica, noble, y grande, que tiene un Cervantes y un Velázquez, y que infundió en el nuevo mundo, el soplo de una civilización.

Esa es la misión de Unión Radio y con la Radio móvil, su adelantado, al igual que los conquistadores del siglo XVI, se quiere conquistar nuevas glorias, laborando en favor de la Patria...

> (...) en la que el sol no se puso en otras épocas, porque necesitaba con su soplo vivificar nuevas almas, uncidas para fundir sus aspiraciones en una única y noble; amor a Dios para saber amarnos a nosotros mismos.

La Radio móvil quiere que la voz que transmitan sus «altos parlantes» sea heraldo de salutación al pueblo noble de Ciudad Real, al fundado por el Rey Sabio, en aquel lugar llamado el Pozuelo de Don Gil, al que mereció por el noble Juan II en el siglo XV el título de Real, al que lleva por escudo la imagen de Alfonso X.

El *speaker* de Unión Radio llega en el tren correo a Ciudad Real. Es el «compañero en la Prensa», Antonio Gómez Pavón, que prepara con el alcalde, Gonzalo Muñoz Ruiz, y la comisión de festejos, las audiciones de dicha estación emisora. Por otra parte, el equipo técnico de la Radio móvil llega en el tren mixto. Si en Madrid la Radio móvil empieza a funcionar, como se ha visto, el 1 de agosto de 1925 en Ciudad Real lo hace el 21, veinte días más tarde[6].

Todo empieza a las dos y media. A esa hora y en presencia de autoridades y prensa local se hace una pequeña prueba con la retransmisión del contenido por la Radio móvil, cuando la orquesta de Unión Radio ejecuta en la sobremesa un concierto, «oído con una pureza y claridad extraordinaria, percibiéndose los distin-

INDICE DE ANUNCIANTES

Página de publicidad en la revista *Ondas*,
Madrid (07.11.1926), p. 28. BNE

tos instrumentos de tal modo que excede todo elogio». Al mismo tiempo, se pone en funcionamiento un aparato de la marca Radiola superheterodino, de la casa Sice de Madrid. El aparato tiene la particularidad de no necesitar uso de antena ni toma de tierra. Ambas audiciones causan la mejor impresión en el auditorio. El locutor Gómez Pavón, explica a los presentes las características de la Radio móvil.

A las siete de la tarde la Radio móvil es instalada en el Parque, para la retransmisión oficial del concierto, que a esa hora se radia desde Madrid. Numeroso público se concentra en el Parque para presenciar el espectáculo. A pesar del estado de la atmósfera y notarse interferencias, la audición resulta muy buena. Al empezar, Gómez Pavón dirige en nombre de Unión Radio, un afectuoso saludo a Ciudad Real y da a conocer datos interesantes de la transmisión. A continuación anuncia el comienzo del concierto. Con la estación receptora preparada, la numerosa concurrencia escucha en «religioso silencio» el programa asturiano de gaita. El periodista, que no firma la información, indica que «es realmente maravilloso que una pequeña estación instalada en una camioneta nos transmita desde una gran distancia las notas musicales y las palabras elocuentes del discurso». Con la Marcha real, que emite la estación emisora, se da fin a la programación de la tarde, aunque todavía se anuncia el concierto que a las diez de la noche se retransmite en la Plaza de la Constitución.

A dicha hora, previas palabras de Gómez Pavón, la Radio móvil difunde las primeras notas del concierto de Unión Radio. Se radia una selección de la ópera *Sansón y Dalila*, música y voz de los artistas que en ella toman parte son oídos con «tal claridad potencia y modulación que el público que llenaba la plaza pudo substraerse al deseo de aplaudir». En uno de los intermedios el locutor Gómez Pavón dice unos cuantos chistes y recita unas poesías, que son aplaudidas.

Y a las doce de la noche el locutor Luis Medina pronuncia desde la estación de Madrid una sentida salutación a Ciudad Real, «con estilo fluido y galante, con maravillosa erudición», hace un canto a La Mancha que es acogido con «atronadora ovación». Hace alusión y súplica a la Virgen del Prado y pide «de su poder paz para España», lo que conmueve hasta «hacer asomar lágrimas a

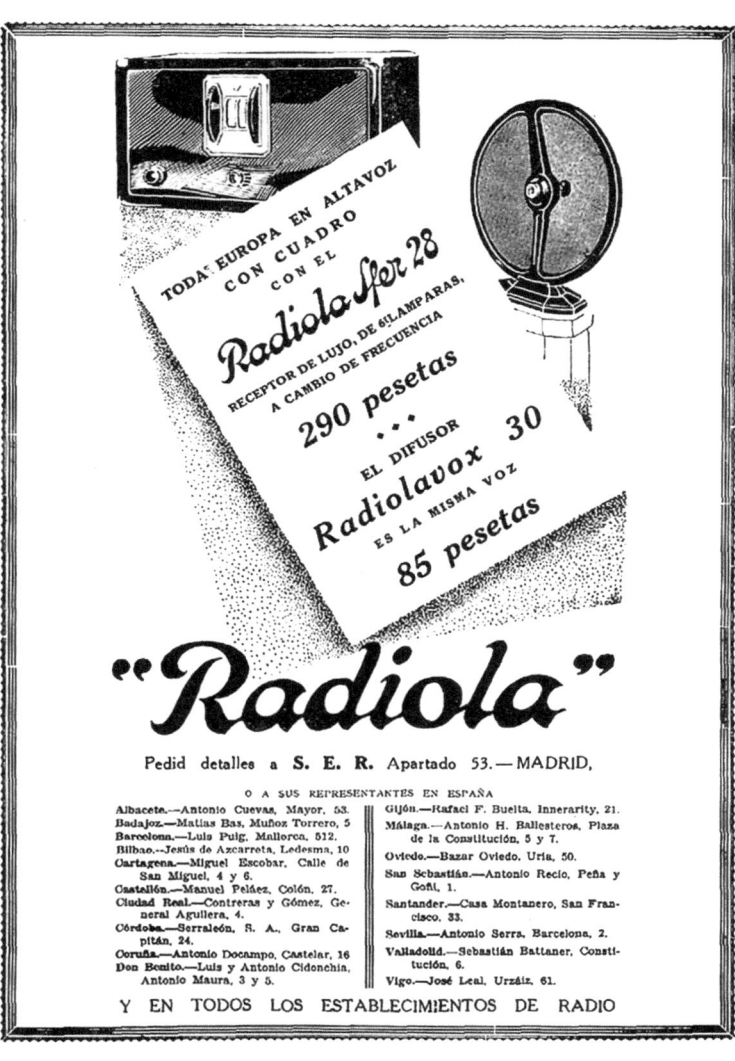

TODA EUROPA EN ALTAVOZ CON CUADRO CON EL

Radiola Sfer 28

RECEPTOR DE LUJO, DE 6 LÁMPARAS, A CAMBIO DE FRECUENCIA

290 pesetas

• • •

EL DIFUSOR

Radiolavox 30

ES LA MISMA VOZ

85 pesetas

"Radiola"

Pedid detalles a **S. E. R.** Apartado 53.— MADRID.

O A SUS REPRESENTANTES EN ESPAÑA

Albacete.—Antonio Cuevas, Mayor, 53.
Badajoz.—Matías Bas, Muñoz Torrero, 5
Barcelona.—Luis Puig, Mallorca, 512.
Bilbao.—Jesús de Azcarreta, Ledesma, 10
Cartagena.—Miguel Escobar, Calle de San Miguel, 4 y 6.
Castellón.—Manuel Peláez, Colón, 27.
Ciudad Real.—Contreras y Gómez, General Aguilera, 4.
Córdoba.—Serraleón, S. A., Gran Capitán, 24.
Coruña.—Antonio Docampo, Castelar, 16
Don Benito.—Luis y Antonio Cidoncha, Antonio Maura, 3 y 5.

Gijón.—Rafael F. Buelta, Innerarity, 21.
Málaga.—Antonio H. Ballesteros, Plaza de la Constitución, 5 y 7.
Oviedo.—Bazar Oviedo, Uría, 50.
San Sebastián.—Antonio Recio, Peña y Goñi, 1.
Santander.—Casa Montañero, San Francisco, 33.
Sevilla.—Antonio Serra, Barcelona, 2.
Valladolid.—Sebastián Battaner, Constitución, 6.
Vigo.—José Leal, Urzáiz, 61.

Y EN TODOS LOS ESTABLECIMIENTOS DE RADIO

Página de publicidad en la revista *Ondas*,
Madrid (25.05.1929), p. 28. BNE

muchos ojos». La guerra colonial de Marruecos está muy presente, aunque no se nombre. A petición de un buen número de oyentes Luis Medina repite la noche del día 22, a partir de las once y media, su elocuente salutación, para aquellas personas que no la escuchan el día anterior. Y se repiten conexiones diferentes el día 22, aunque no por la tarde, «por respeto a la procesión de la octava de nuestra Virgen del Prado».

Igualmente, el día 22 se puede oír, según *El Pueblo Manchego*, un concierto en el Hotel Pizarroso. Mariano Vaquero, inspector de la Sociedad Ibérica de Construcciones Sice, compañía asociada a Unión Radio, hace después del almuerzo, «ante un selecto grupo de *amateurs*» una demostración de radio con el «famoso Superheterodino Armstrong». Este aparato que no necesita antena ni toma de tierra, es, sin duda, «la última palabra de los receptores radiotelefónicos, pues con él hemos escuchado con una limpieza asombrosa y matización insuperable, el concierto de hoy emitido por Unión Radio». No vacilamos, se escribe, en recomendar el Superheterodino a los sinhilistas de buen gusto. Además, la Radio móvil va también, a petición de sus propietarios, a los Hervideros de Fuensanta «para dar a dichos agüistas la sección de sobremesa de dos y media a tres y media de la tarde».

Parece que ante el éxito de la Radio móvil, los representantes de Unión Radio deciden «ofrecer al pueblo de Ciudad Real, para corresponder de algún modo a su hidalga hospitalidad», un día más de audiciones.

El domingo 23, a las dos y media, se retransmite el concierto de sobremesa de Unión-Radio a los niños del Hospicio, que se oye «con magnifica claridad y modulación»[7]. A las tres de la tarde, el *speaker* de Unión-Radio, Luis Medina, dirige una afectuosa salutación desde Madrid al diputado visitador, señor Montero, superiora del establecimiento, capellán, señor Monescillo, y otros funcionarios del benéfico establecimiento que, acompañados de la prensa y otras personalidades, se encuentran allí presentes. Terminada la audición, el locutor Gómez Pavón lee unas poesías a los niños y pronuncia unas cariñosas palabras, acogidas con aplausos. Después, todos son obsequiados con un «lunch» y en un breve discurso Tomás L. Rojo, administrador de Unión Radio, expresa su agradecimiento a todos y ofrece...

(...) incluir al Hospicio de esta capital en la lista de los establecimientos benéficos a los que se há de regalar aparatos de Radio en virtud de la inscripción que la Unión Radio de Madrid ha abierto con este fin.

La última retransmisión, según *El Pueblo Manchego*, es el domingo 23, de 6 a 8 en el Parque. Se trata, en principio, de un concierto especial de Unión Radio, cuya primera parte está dedicada a los niños, con lo que se amplía un día más la estancia en la ciudad. Sin embargo, *Vida Manchega* del 24 de agosto cita la actuación de la Radio móvil el último día y ante numeroso público con un acto celebrado en la Plaza de la Constitución. El programa recibido está formado por la típicas canciones asturianas del gaitero Salvador González, por el cante flamenco de Tomás Gómez y las aragonesas de Pepe Chacón, con el clásico manubrio madrileño en los intermedios. Al final hay una salutación al pueblo de Ciudad Real, autoridades y prensa, premiado con «una calurosa salva de aplausos».

Finalmente, la Redacción de *El Pueblo Manchego* ofrece una cena a los «expedicionarios» de la Radio móvil en los Hervideros de Fuensanta, con un menú «exquisitamente» preparado. Durante la cena «el buen humor y la fraternidad reinó entre los comensales».

Ricardo Urgoiti, director de Unión Radio, finalmente no puede desplazarse a Ciudad Real por problemas de agenda. El vicepresidente de la Asociación de la prensa le envía un telegrama que es contestado desde el despacho del Consejo de Administración de la Unión-Radio en estos términos:

Altamente conmovidos y agradecidos cariñosas felicitaciones *El Pueblo Manchego*, *Vida Manchega* y *El Labriego*, reiteramos nuestra honda simpatía por Ciudad Real y sus hombres amantes del progreso. Un saludo afectuoso.- Urgoiti[8].

Y con fecha 22 de agosto el mismo Urgoiti escribe una carta, de la que da cuenta *El Pueblo Manchego*, dirigida a su gerente, el sacerdote Miguel Ruiz Pérez[9]. Mejor es citar el texto completo de la misma:

Mi querido amigo. Quehaceres que me es imposible aplazar, me impiden mi deseo de haber ido a ese simpático Ciudad-Real y haber respondido con un abrazo cordial a las manifestaciones de afecto que desde el primer momento hemos recibido de todos ustedes. En mi nombre va el Sr. López Rojo que trasmitirá a Vds. de palabra nuestro sincero agradecimiento.

Ha sido Ciudad-Real la primera capital española que ha ofrecido decididamente su apoyo en la ardua tarea que nos hemos impuesto, de divulgar primero la radiotelefonía en toda la Península, hacer familiarizarse con ella aun a aquellos que solo de referencia la conocen, y una vez creado el arraigo radiotelefónico, llevar a cabo una labor patria de cultura en la que tenemos puesto nuestros más altos entusiasmos y esperanzas. El ejemplo de Ciudad Real como capital acogedora sin reservas de nuestra iniciativa lo tendremos siempre bien presente.

Le ruego trasmita un saludo afectuoso a las Autoridades de Ciudad Real y amigos a quienes tuve el gusto de saludar en Madrid hace poco. Disponga de su affemo. y buen amigo R. Urgoiti.

La prensa de Madrid recoge también la presencia de la Radio móvil en Ciudad Real. Presentan el evento como la novedad más interesante de las ferias y fiestas, informan de que numeroso público asiste a las transmisiones y reseñan el envío de efusivos telegramas por parte del alcalde y directores de los periódicos al director de Unión Radio por la brillante iniciativa[10].

NOTAS

1 «Noticias. Un concierto por radiotelefonía», *El Pueblo Manchego*, Ciudad Real (29.07.1924), p.4.

2 *El Pueblo Manchego*, Ciudad Real, (14.08.1924), p. 2; (20.08.1924), p. 2; y (08.09.1924), p. 2.

3 «La Radio-Móvil a Ciudad Real», *Ondas*, Madrid (16.08.1925), p. 22.

4 «Audiciones radiofónicas», *El Pueblo Manchego*, Ciudad Real (13, 14 y 15.08.1925), p. 1.

5 *Vida Manchega* y *El Pueblo Manchego*, Ciudad Real (20.08.1925).

6 «La Radio-Movil en Ciudad Real», *El Pueblo Manchego*, Ciudad Real (22.08.1925), pp. 1 y 4.

7 *El Pueblo Manchego*, Ciudad Real (25.08.1925).

8 *El Pueblo Manchego*, Ciudad Real (22.08.1925), p. 1.

9 *El Pueblo Manchego*, Ciudad Real (25.08.1925), p. 1.

10 Por ejemplo, se hacen eco *El Sol*, Madrid (22.08.1925), *La Época*, Madrid (24.08.1925), *El Mundo*, Madrid (24.08.1925), *La Prensa*, Madrid (24.08.1925), *El Globo*, Madrid (25.08.1925), *La Opinión*, Madrid (25.08.1925) o *La Publicidad*, Madrid (25.08.1925).

«Pupitre mezclador, de Telefunken, adoptado en los estudios
de la emisora de Kaunas (Lituania)».
En Virgilio Soria, *Orientaciones radiofónicas. Comentarios al Plan
nacional de Radiodifusión*, Madrid, 1936

12

A comienzos de los años treinta, tras el paso de una década, la radio se consolida en toda Europa. En 1935 Virgilio Soria indica que el desarrollo de la radio ofrece dos grandes aspectos. Uno es de orden moral, derivado de la labor educadora realizada desde las emisoras de radio. Las programaciones contienen muy diversos temas artísticos, científicos, deportivos, literarios o sociales y ejercen un importante influjo sobre una audiencia cada vez más amplia. Este autor relaciona los contenidos de carácter general frecuentes en la radiodifusión: música, teatro, literatura, crítica, charlas y conferencias, deportes, información y noticias generales, política o religión. Por otra parte, cita servicios de carácter público: transmisión de señales horarias, boletines meteorológicos, servicio de socorro para la busca de personas desaparecidas, avisos en casos de inundaciones y tempestades, emisiones especiales para niños, educación escolar y postescolar, cursos de cultura física, idiomas, cuestiones agrícolas y sanitarias, cuestiones económicas y comerciales, problemas sociales, relaciones internacionales, turismo, informes para la captura de malhechores, informes para la aplicación de las leyes, orden público, mercados, etcétera.

El otro aspecto tiene que ver con la riqueza material creada por el mundo de la radio, por la nueva aplicación de la electricidad. Aunque no hay datos exactos, determinadas magnitudes pueden ayudar a mostrar la importancia de la incidencia económica y cita algunas, como la energía consumida por emisoras y receptores de radio, cifrada en unos quince millones de kilovatios. Otro dato es el importe de los aparatos de radio vendidos, unos 35 millones de pesetas en los años 1931 a 1934.

«Pequeño estudio de "características variables" recientemente instalado en la Casa de la Radio de Berlín, cuyos equipos de baja frecuencia han sido instalados por Telefunken». En Virgilio Soria, *Orientaciones radiofónicas. Comentarios al Plan nacional de Radiodifusión*, Madrid, 1936

La industria radioeléctrica motiva el establecimiento de fábricas diversas, algunas tan importantes como las Telmar, Standard o Philips, con sus numerosas plantillas de empleados y obreros. También hay pequeñas fábricas y muchos talleres dedicados a la reparación e instalación de aparatos. El comercio de radio se extiende por toda España. Solo en Madrid, afirma Soria, hay 210 comercios dedicados a la venta de material radiofónico.

Cerca de treinta revistas de temas relacionados con la radio se publican en España, alguna, como *Ondas*, con una tirada de varios miles. En 1934 hay ya 68 emisoras en funcionamiento, lo que supone la ocupación permanente o eventual de numerosos actores, cantantes, músicos, conferenciantes, periodistas y críticos, además de técnicos, locutores, administrativos... Solo Unión Radio sostiene a más de 300 familias. Y también está el mundo de la publicidad radiada, que entra en competencia con la publicidad insertada en la prensa escrita.

El mundo de la radio, en fin, según Soria, es una considerable fuente de riqueza y, además, es «propulsor de primer orden en

«Equipos de amplificación, adoptados por Standard Eléctrica, en varias emisoras radiofónicas». En Virgilio Soria, *Orientaciones radiofónicas. Comentarios al Plan nacional de Radiodifusión*, Madrid, 1936

el desarrollo de algunas industrias, colaborador destacado en las actividades del comercio y apoyo y porvenir de no pocas profesiones». No obstante, los grandes artistas y escritores españoles viven en esos momentos alejados de los estudios radiofónicos. No es el caso del escritor Ramón Gómez de la Serna (1888-1963) para quien la radio constituye todo un símbolo de lo nuevo. Como señala Javier Ariza Pomareta,

«Ramón Gómez de la Serna, en los salones de billar del café de Levante, comunica a los radioyentes sus impresiones ante la "bola roja" y las "bo-

las blancas", Reportaje de Ramón Gómez de la Serna, *Ondas*, Madrid (30.11.1929), p. 7. Foto de Alfonso. BNE

«Vista del moderno estudio instalado por Unión Radio en su emisora de San Sebastián». En Virgilio Soria, *Orientaciones radiofónicas. Comentarios al Plan nacional de Radiodifusión*, Madrid, 1936

«Nuevo estudio de la emisora de Unión Radio E-A-J-1, Radio Barcelona». En Virgilio Soria, *Orientaciones radiofónicas. Comentarios al Plan nacional de Radiodifusión*, Madrid, 1936

«Vista parcial del gran estudio de la emisora E-AJ-7, Unión Radio, de Madrid» En Virgilio Soria, *Orientaciones radiofónicas.*
Comentarios al Plan nacional de Radiodifusión, Madrid, 1936

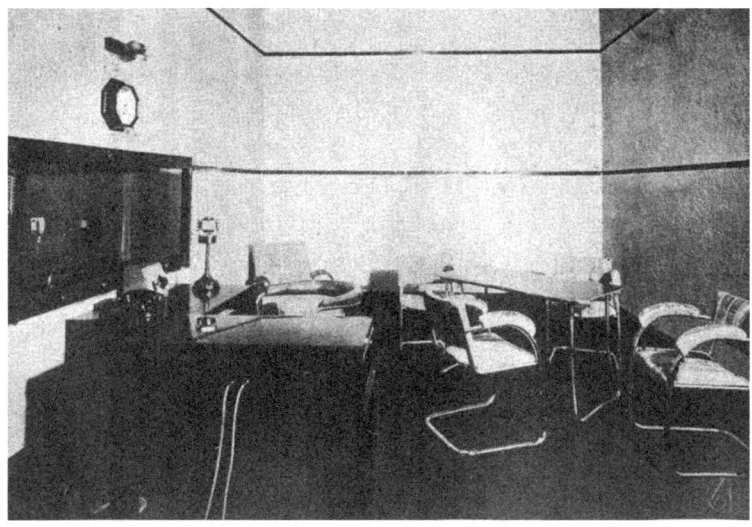

«Estudio de la nueva emisora nacional de El Cairo, cuyos equipos de emisión y baja frecuencia han sido instalados por Marconi». En Virgilio Soria, *Orientaciones radiofónicas.*
Comentarios al Plan nacional de Radiodifusión, Madrid, 1936

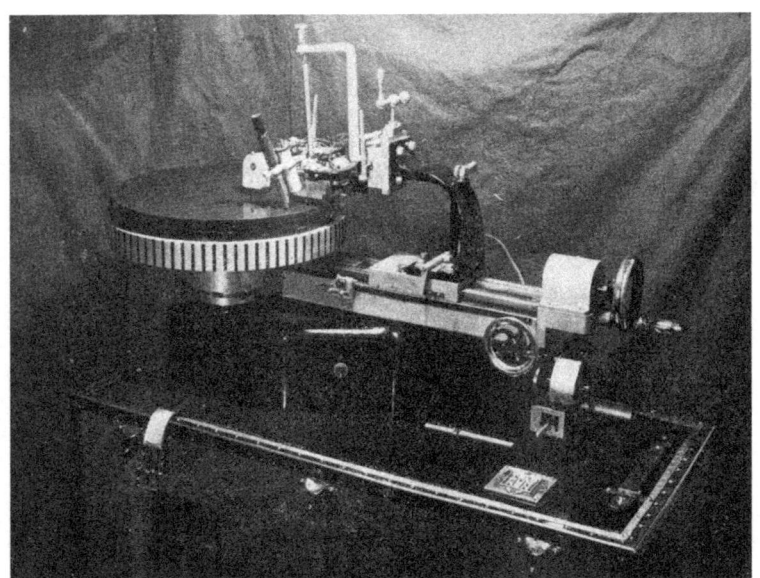

«Equipo Telefunken para la impresión de discos, utilizado en varias
emisoras de la red alemana de radiodifusión». En Virgilio Soria,
*Orientaciones radiofónicas. Comentarios al Plan nacional de
Radiodifusión*, Madrid, 1936

su inmediata atracción le lleva a elucubrar con nuevas formas de
interpretación ya que la radio supone la puerta de entrada a un
nuevo escenario tan misterioso como estimulante donde el sentido de la vista se anula y el oído forma imagen.

Por eso, Gómez de la Serna es considerado el primer reportero[1]:

El café de Levante está lleno de público, La curiosidad aumenta a
medida que se acerca la hora del reportaje. Ramón Gómez de la
Serna surge de un rincón del café y se dirige hacia los billares.
Allí está el micrófono, en uno de sus balcones, y el gran humorista
comienza una bella descripción de la Puerta del Sol, por las diferentes transformaciones que ha pasado la plaza central de España. Todo ello evocado con la riqueza imaginativa y la modernidad
literaria de Ramón. Después habló con el jefe de los billares del
café de Levante, ante la mesa verde, entre el ruido de las bolas,
para las que Ramón Gómez de la Serna improvisa una greguería,

«Sala principal de control de la Casa de la Radio de Londres, instalada por la casa Marconi». En Virgilio Soria, *Orientaciones radiofónicas. Comentarios al Plan nacional de Radiodifusión*, Madrid, 1936

diciendo: «El corazón rojo de la bola roja está siempre frente al eterno conflicto de las otras dos bolas blancas, dos mujeres para un solo corazón, siempre disparando la una a la otra».

El micrófono continúa sus pasos hacia la calle, y una vez en ella Ramón habla con los vendedores de décimos, con los chóferes, con todos aquellos transeúntes que pueden añadir una nota viva e interesante al reportaje radiado. (...) El reportaje logró un éxito extraordinario, y Gómez de la Serna fué proclamado por derecho propio *primer reportero de la radio en España*.

NOTA

1 «Reportajes radiados. Ramón Gómez de la Serna en la Puerta del Sol», *Ondas*, Madrid (30.11.1929), pp. 6 y 7.

Arriba, «Sala de conciertos de los nuevos estudios radiofónicos de Lausana, cuyos equipos de baja frecuencia han sido montados por Standard Eléctrica»; abajo, «Posición múltiple de control y transmisión de discos, sistema adoptado por Standard Eléctrica en los nuevos estudios de Lausana». En Virgilio Soria, *Orientaciones radiofónicas. Comentarios al Plan nacional de Radiodifusión*, Madrid, 1936.

ANEXOS

A1

Saludo de *Unión Radio* al pueblo de Ciudad Real el 21 y 22 de agosto de 1925, en la voz del locutor Luis Medina. En «Las últimas audiciones de la Radio-Móvil». *El Pueblo Manchego*, Ciudad Real (25.08.1925), p. 1. Se ha respetado la ortografía original.

¡Ciudad-Real!

Al llegar a ti nuestras ondas, saludamos y admiramos a tus nobles hijos dignos descendientes de aquellos que en Pozueco Seco de Don Gil contenían los desmanes de los golfines mandados por Carchena; de aquellos que pidieron al Capellán de Alfonso VI Marcelo Colino les dejara la imagen de una Virgen para venerarla y habiéndose negado aquél antes de llegar al término de su viaje vio que la imagen desaparecía y milagrosamente tornaba al prado de Pozueco de Don Gil; de aquellos que merecieron la atención de Alfonso X el Sabio hasta el extremo de fundar este Monarca Villa Real; diciendo en la carta puebla de la fundación *e quis que eviese si una grand villa e bona, que corriessen todos por fuero e que foesse cabesza de toda aquella tierra, ed mandela poblar en aquel lo-gero que dicen el Pozueco de Don Gil e púsele nombre Real.*

En Villa Real celebró Cortes Alfonso XI y recibió a los Embajadores que el Rey de Marruecos le enviaba para agradecerle la libertad de sus dos hijos hechos prisioneros en Tarifa. Por el noble corazón de sus hijos y por el socorro mandado a Juan II a Olmedo, mereció Villa Real de este Rey que la elevase a la categoría de Ciudad denominándola «Muy noble y muy leal», en 1420.

Vuestra ejecutoria con ser tan limpia, no es tan conocida más que por los españoles hermanos que os aman y admiran, pero tenéis otra por la que os conoce el mundo entero donada por la magia del ingenio de Miguel Cervantes Saavedra. Tienes la gloria Mancha, de haber sido la cuna del héroe de la raza, del caballero que habló el castellano más puro y recio, de tal fortaleza, que rebosando los límites de la patria inundó con su luz veinte naciones, del caballero hermano de los humildes pastores, del enamorado de todas las grandezas e ideales, del que llevaba en el alma a Jesús y ponía su brazo en defensa y auxilio del caído.

Si no tuvieras otros títulos, ese solo te bastaba, Mancha, para ser inmortal. Argamasilla, Toboso, Molinos de viento esparcidos por la llanura, ventas con arrieros y maritormes, luna redonda brillando en la noche mientras un zagal lanza al aire unas seguidillas; poesía infinita de la tierra manchega que tan bien nos regala el cuerpo con sus vinos, sus corderos, su morteruelo, sus arropes, sus quesos, sus mantecados, su pan. Mancha, bendita seas; Unión Radio te saluda y a tu capital envía con sus ondas el corazón.

Ciudad Real, a tu Virgen del Prado, pedimos la paz, pero mientras esta llega, suplicamos a la Divina Señora proteja a los hermanos que en África pelean y que en aquella tierra abra senderos de luz para que nuestra Madre España pueda exclamar: ¡Sea con vosotros moros la paz y la civilización!

Saludamos al Excelentísimo Ayuntamiento y a las Autoridades todas; a los Casinos, al comercio, a los simpáticos oficiales de telégrafos y correos y al pueblo todo que merece el nombre de Real por su corazón grande y generoso.

A2

Saludo del locutor Gómez Pavón al pueblo de Ciudad Real, En «Las últimas audiciones de la Radio-Móvil. En la Plaza de la Constitución». *El Pueblo Manchego*, Ciudad Real (26.08.1925), p. 2. Se ha respetado la ortografía original.

Señoras: Señores: Noble pueblo de Ciudad Real, acaba de tener lugar la última retrasmisión de conciertos de Unión-Radio, por nuestra Radio Móvil. Ha llagado el tan triste y temido instante de despedirnos de vosotros, y es tal la emoción que sentimos; está nuestro corazón tan dolorido, por abandonaros, que ni el rico y recio idioma del quijote, que deslumbró al mundo, con la pluma de Cervantes, desde esta bendita tierra de la Mancha, puede darnos galanos y sentidos medios de expresión de nuestro sentimiento.

¡Mancha! ¡Mancha! Tierra andariega, aventurera, la de los dias de gloria, la de espléndida llanura, dorada con el oro de la rica mies; la de sabroso y rico vino; la de Molinos de viento, la cuna del castizo *fablar*, la de timbre inmarcesible; ¡Mancha! ¡Mancha! cómo subyugas con tu nobleza, con tu hidalguía, cómo por tu preciado *don*, que tan bien cultivas, de tu clásica hospitalidad, conquistas el amor y te adueñas del alma de tus visitantes. Hermosa tierra, donde altos caballeros de la Edad Media, con la espada en la mano, y la cruz sobre el pecho, arrancaban para el mundo cristiano, la hegemonía retenida en manos infieles, y luego la ofrendaban, modesta, calladamente, al más alto poder, en la tierra, y al *Único* en los cielos.

Eres inmortal, *Mancha* de nuestro corazón; porque eres nuestra, y tuyos queremos ser, ambicionando la honra de merecer este preciadísimo galardón.

¡Qué alegría (de pensarlo el alma se nos llena de gozo) el ser considerado por vosotros *Manchegos también*!, para en nuestra vejez, en la edad rememoradora de los años mozos, hacer a nuestros nietecitos la apología de estos días felices de Ciudad Real, en los que la caravana andariega de Radio Móvil transcendía el corazón de Castilla, los alientos del arte divino de Beethohen, el acento de sentida oración a través del eter desde Unión Radio, con el maravilloso vehículo de la radiotelefonía como si fuese el inquieto y lejano eco de un alma gala que se eleva riente, hasta la inspirada eternidad.

Ciudad Real, a ti, a todas y cada una de tus autoridades, a tu prensa, *El Pueblo Manchego*, *Vida Manchega*, *¡Alerta!* y a *El Labriego*, os mandamos nuestro corazón, todo él ahito de sincero reconocimiento por cuanto habéis hecho en favor de estos humildes adalides de la Radio móvil, y os hacemos la encarecida demanda de perdón por tantas y tan involuntarias molestias.

Y ahora, a la Virgen del Prado, a nuestra morenica, cuya devoción llena ya nuestra alma, postrados de triunfos, una oración.

¡Virgen del Prado! proteger siempre a la Mancha, defended, Señora, a sus nobles hijos, y haced que la paz reine en Marruecos, y que nuestros hermanos, los heroicos soldaditos de España, regresen sanos y salvos a la Patria, que les tiende sus manos en el más fervoroso abrazo y que vele siempre por el progreso y prosperidad de Ciudad Real, atendiendo la súplica de nuestro ilustre Prelado, cuyas preces desde aquí pedimos.

Bellas hijas de Ciudad Real. Señoras gracias por vuestra atención. He dicho.

A3

Reportaje en la revista *Ondas* sobre la Radio móvil en Ciudad Real. En «Nuestra excursión a Ciudad Real», *Ondas*, Madrid, n.º 12 (06.09.1925), pp. 55-8. Se ha respetado la ortografía original.

Ciudad Real y Unión Radio. –Las mujeres manchegas. –El suspiro de una radioyente. –Figuras de la vida social

Expresábamos en nuestro último editorial la inmensa satisfacción que nos dio el recibimiento que nos dispensó la hidalga ciudad manchega. Pueblo culto y trabajador que, atento siempre a los avances del progreso no dejó escapar la oportunidad de recibir en su seno las palpitaciones de la vida tanto científicas como de arte.

Hemos recorrido durante los días de nuestra excursión los lugares típicos de Ciudad Real. Hemos visitado el balneario de Fuensanta y en todas partes los agasajos y las atenciones fueron sinceros y excesivamente cordiales. Estas pruebas de gratitud que hoy estampamos en nuestras columnas perdurarán siempre en lo más íntimo de nuestro agradecimiento. Ciudad Real y Unión Radio sellan su franca amistad en estas páginas, que hoy ofrecemos a los lectores manchegos, y especialmente a las mujeres bonitas, que abundan en Ciudad Real y reflejan en sus ojos el romanticismo de sus vidas, saturadas de esa hidalguía que brota en los campos de la Mancha como el más firme blasón de su fina espiritualidad y de su cultura.

–¿Le gusta a usted la radio? –preguntamos a una preciosa radioyente que escuchaba las retransmisiones de Unión Radio.

–¡Mucho! Es algo maravilloso esto de la radio. Ecos que llegan de lejos, como la esperanza de la vida, como...

–Como el amor, ¿verdad?

Nuestra amiga calló unos instantes, fijó su mirada en el suelo, y un suave suspiro brotó en sus labios, que fué a confundirse con el misterio de las ondas.

Ciudad Real es una ciudad que progresa rápidamente. Tanto las autoridades como sus vecinos ponen toda su voluntad en el engrandecimiento de la patria chica.

El señor obispo.

Una de las figuras que más se desvelan en prestar su concurso es el señor obispo-prior de las Ordenes Militares, Dr. D. Narciso de Estenaga y Echevarría.

Escritor de gran cultura, tiene en preparación, ya muy adelantada, la obra, que constará de ocho volúmenes, el *Cartulario diplomático de la catedral de Toledo*.

Tiene además para nosotros la simpatía de ser un entusiasta teleoyente, y nos cumplirá la promesa de radiar un día señalado desde nuestro estudio una de sus bellísimas pláticas. Unión Radio se honrará con que el obispo de Ciudad Real sea el primer prelado de España que utilice el micrófono para su apostolado.

El gobernador civil.

El gobernador civil de Ciudad Real, D. Jacobo Díaz Escribano, goza de generales simpatías por su política inflexible en materia de abastos.

El Rey acaba de otorgarle la honrosa distinción de gentilhombre de cámara con ejercicio y servidumbre.

Suavemente, calladamente, sin jactancias ni alharacas que no riman con su temperamento ponderado y ecuánime, ha sabido encauzar la administración municipal en la provincia, desterrando inveterados abusos y corruptelas.

Esta es quizá la única provincia de España en que ninguna deportación se ha dispuesto. ¿Cabe más alto elogio del Sr. Díaz Escribano?

El marqués de la Viesca.

Figura preeminente en la provincia de Ciudad Real es el Excmo. Sr. D. Arsenio Martínez de Campos, marqués de la Viesca, inspirador de *El Pueblo Manchego*.

Este joven y prestigioso aristócrata emplea su inteligencia, su actividad y su fortuna en importantes empresas bancarias e industriales, varios de cuyos Consejos de Administración le han llamado a su seno.

El alcalde.

Otra de las personalidades que contribuyen al progreso de

Ciudad Real es el actual alcalde, director de la Escuela Normal de Maestros, D. Gonzalo Muñoz, persona culta y emprendedora, que se desvive por realizar mejoras locales, haciendo desde la presidencia municipal una honrada labor de saneamiento que ha merecido los más altos elogios de la Prensa y del público.

Colabora con el Sr. Muñoz en su labor municipal el teniente de alcalde D. Salvador Escrig, abogado y persona que reúne excelentes cualidades de inteligencia y laboriosidad.

La prensa de Ciudad Real

Son nuestros queridos camaradas de Ciudad Real periodistas de verdadera vocación, hombres inflexibles en la justicia, trabajadores infatigables, que en la ingrata labor del periodismo van dejando diariamente las huellas de su espíritu renovador y de sus entusiasmos por los intereses de la tierra manchega. Con ellos permanecimos durante unos días, y un abrazo cordial selló nuestra despedida, hasta que otra vez volvamos con la Radio-Móvil al pueblo hospitalario y pletórico de hidalga nobleza, donde las preciosas y simpáticas mujeres evocan con la sinfonía de las ondas el pentagrama del amor que se espera, la más bella esperanza de la juventud.

Don Miguel Ruiz Pérez.

Hemos dejado en «último lugar» a nuestro querido amigo D. Miguel Ruiz Pérez, gerente del importante diario *El Pueblo Manchego*, que ha contribuido con toda su valiosa influencia al éxito de la Radio-Móvil en Ciudad Real.

Periodista notable y persona que tiene un alto concepto de la justicia y del deber profesional, es una de las figuras que mas enaltecen al pueblo manchego, y en su engrandecimiento y propaganda cultural pone todas sus energías físicas y espirituales.

Terminaremos esta breve información haciendo constar nuestro profundo agradecimiento a todos, así como al personal del Hospicio, que nos dio toda clase de facilidades para que la Radio-Móvil deleitara a los niños del benéfico establecimiento.

Este personal está integrado por la superiora, sor Rosa Roselló; diputado visitador, D. Ponciano Montero; capellán, D. Antonio

Monescillo; director de banda, D. Antonio Segura; interventor interino, D. Juan Enríquez; maestro de instrucción primaria, don Benigno Zubizarreta, y profesor de Mecanografía, D. Luis Buceta.

¡Hasta pronto!

A4

«Artistas que triunfan. Homenaje en Madrid a Marcos Redondo. Al banquete celebrado en su honor asistieron 255 comensales». En *El pueblo Manchego*, Ciudad Real (19.01.1926), p. 1. Se ha respetado la ortografía original.

Como hemos venido informando a nuestros lectores, el domingo se celebró en el Hotel Gran Via, de la Corte, el banquete organizado en honor de nuestro querido amigo e ilustre manchego de adopción, el eminente barítono Marcos Redondo, con motivo de su brillante campaña artística, que ha culminado en la presente temporada en la magistral y sublime interpretación de la zarzuela *La Calesera*.

En el amplio salón del hotel tomaron asiento 255 comensales que integraban une lucida representación de la literatura y las artes.

Con el homenajeado tomaron asiento los alcaldes de Madrid y Ciudad-Real, conde de Vallellano y don Gonzalo Muñoz, respectivamente; general Navarro, jefe del Cuarto Militar del Rey; maestro Tabuyo, tiples, Josefina Revillo y Rosita Torres, un representante de Pozo Blanco, y los autores de *La Calesera*, G. del Castillo, Martínez Romá y maestro Alonso.

Se sirvió el siguiente menú: Entremeses variados - Huevos aurora - Langosta: salsa tártara - Solomillo finacier - Capones asados al jugo - Ensalada madrileña - Helado vainilla - Tarta siciliana - Quesos, frutas, vinos, champagne, café, licores y habanos. Brindaron elocuentemente, elogiando los méritos de Marcos Redondo nuestro colaborador señor Vinardell, conde de Vallellano, alcalde de Ciudad Real señor Muñoz, el general Navarro, y el homenajeado agradeció el agasajo en sentidas frases.

Marcos Redondo después de cantar ante la Radio, con el primor que le caracteriza, terminó con un viva Ciudad Real y a la Virgen del Prado que fué acogido con atronadores aplausos por la representación manchega.

Entre las adhesiones que se leyeron de España y del Extranjero en número superior a doscientas, figuraban las de los señores Sánchez-Guerra. Benavente, Zamacois, Fernández Ardavin y la genial actriz Cora Raga.

La representación de Ciudad Real

Como no podía faltar, asistió al homenaje una lucida representación de la Mancha, pues en nuestra Iglesia Prioral actuó de seise Marcos Redondo y aquí tiene sus más puros amores vividos en horas inolvidables de su infancia y mocedad. Recordamos a don José Cruz Prado, don Eduardo Martín Moreno, don Aurelio Ruiz, don Julián Alonso, don Francisco Enriquez de Salamanca, don Francisco Herencia, don Luis Bermejo, don Emilio y don Julián García Loro, don Julián Pinilla, don José Ruiz Sánchez, don Clemente Velázquez, don Emilio Espadas, don Cipriano Barrena, don Aurelio González, don Blas Romero, don Heliodoro Ruiz, don Félix y don Silvio Valencia, don Antonio León Monescillo, don Felipe y don Vicente Sevillano, don Benito Sánchez Valdepeñas, don Robustiano y don José Luis Fuentes, don Enrique Lérida, don Francisco Sánchez Cantalejo, don Fausto Fuentes, don Juan Antonio Ortuño, don Francisco Pérez, don José Recio Rodero, director de *Vida Manchega* y nuestro gerente don Miguel Ruiz,

---

A continuación reproducimos las dos poesías leídas por los autores de *La Calesera* que fueron muy celebradas:

Yo no se como sería:
pero un ruiseñor un día
le escuchó *La Calesera*,
y ahora está la noche entera
cantando su melodía.
Y ayer le dijo un pastor:
cesa en los trinos que lanza
tu garganta, ruiseñor.
¡No te canses! La romanza
la canta Marcos mejor.
(De Emilio González del Castillo)

(...) El homenaje tributado al genial barítono, resultó íntimo, expresivo y cordial; con la noble significación de tributo a sus extraordinarios méritos y efusivo testimonio de simpatía.

Reiteramos a Marcos Redondo esos mismos sentimientos, cuando paso a paso seguimos desde sus comienzos su depurada labor artística, en la que brilla ya la ventana del genio.

A5

Eugenio López Aydillo, «Las nuevas estaciones de radio. ¿Cómo debe ser la emisora de Ciudad Real?». En *El pueblo Manchego*, Ciudad Real (29.07.1929), p. 1. Se ha respetado la ortografía origi-nal.

El Gobierno, según nos informa la Prensa, acaba de autorizar la apertura de nuevas estaciones emisoras de radio en varias localidades españolas, entre ellas Ciudad Real. La noticia por lo inesperado, ha producido en todos un poco de extrañeza, aún cuando es evidente que el acuerdo ha sido fruto de un estudio minucioso por parte de los autores (sin duda personas calificadas y de autoridad en la materia según es de presumir) de la propuesta.

Desde luego el propósito que parece informar tal innovación, no puede ser más acertado y oportuno, ya que presumimos tiende a difundir par medio tan propicio y tan del agrado de las gentes, los valores folklóricos, musicales y literarios de las distintas regiones hispanas, ya que todas ellas pueden ofrecer a este respecto un caudal de extraordinario valor y de profusos matices artísticos.

Es más; se brinda por este medio ocasión propicia para que, no solo el resto de España, sino los demás países con los cuales nos pondrán en comunicación las nuevas emisoras, conozcan en todo la magna profusión de variantes que comprende, la serie polifónica de canciones populares de las diversas zonas geográficas que integran nuestra patria. Y ello traerá consigo, como obligada consecuencia, le necesidad de estudiar, de investigar, recogiéndolas del pueblo mismo, tales manifestacio-nes del arte folklórico, que en todas las regiones se ofrecen con profusa variedad.

Digo en todas las regiones, porque es frecuente en algunas escuchar que allí apenas se advierten indicios de la inspiración popular, y esto no es cierto. Aquí mismo en la Mancha, más de una vez he oído decir a personas a quienes pregunté, que eran escasas tales expresiones artísticas y que en lo que respecta a la música no ofrece interés pues lo poco que había se hallaba influenciado en gran manera por lo andaluz.

Y no tuve que hacer más investigaciones que la sencillísima y grata da oír la magnifica Coral Manchega, para convencerme de que no es así; que no solo la Mancha ofrece a tal respecto una modalidad original, característica, expresiva, sino que como acontece en todas las regiones, en cada zona, surgen variantes que prestan al motivo genérico, un matiz inconfundible; y así como en Galicia hay profusión de alalás, en Cataluña diversidad de sardanas, y en Andalucía una serie variadísima de cantos populares, cuyas características establecen un ritmo inconfundible, en la Mancha también puede localizarse y definirse con personalidad propia e inconfundible, pudiera decirse, una serie variadísima de seguidillas, de las que la propia Coral Manchega en el concierto del viernes nos ofreció una muestra expresiva y bellísima con la Tonada de Manzanares, a cuatro voces, interpretada en segundo lugar del programa; aparte de que en la Mancha el pueblo cante algo más que seguidillas, ¿no es verdad dilecto maestro Buitrago?

Resulta, pues, de estas breves consideraciones que nos inspira la primera lectura da la noticia escueta de acuerdo del Gobierno de establecer en Ciudad Real, una estación emisora de radio, que es preciso corresponder cumplidamente a esta distinción, apresтándose todos a contribuir al éxito de la nueva estación, justificando así la oportunidad de su apertura, que deben cultivarse con preferencia los valores regionales pues no solo parece ser ese el pensamiento de quienes trazaron el plan de las nuevas emisoras, sino que resultaría ridículo que prescindiendo o relegando a lugar secundario lo que es privativo de la región las futuras estaciones de radio se dedicasen a difundir conciertos de música alemana o conferencias acerca del trigémino, pongo por tema; eso si que debe ser lo secundario, lo esencial, lo fundamental, lo básico de los programas de la aún nonnata emisora de Ciudad Real, deben ser los motivos regionales, la difusión y propaganda de sus valores inéditos. Y para ello, ya sabemos que se cuenta, por fortuna, con un instrumento por demás adecuado, la Coral Manchega, la que a su vez podría por este procedimiento asegurar propiciamente la eficacia de su labor admirable.

¿Qué dicen a esto les personas llamadas a intervenir en la organización de la estación emisora de radio de Ciudad Real?

A6

Jorge Ribas, «Radioagrarias. La radio en la era». *Ondas*, Madrid (11.07.1931), p. 27. Se ha respetado la ortografía original.

Ya están los egidos lugareños apretados de fascales. La era limpia y guijeña. La cebada recién segada espera el solemne momento de que las manos de gañanes y rapaces comiencen a desatar libanes y a tender la parva. Rezonga el ganado, canta la cigarra y zumban himenópteros y cénzalos como heraldos imprescindibles de la estación que empieza.

Muchos labradores, el pasado, año, pensaron que la radio podría suavizar grandemente las asperezas y monotonías de las faenas de la trilla, y allí donde se les presentó ocasión ataron a un palo del candelecho -la clásica cabaña- el aparato de altavoz. Cundió bien pronto la *ideica* para solaz de los tranzones.

Este año, el servicio radiofónico ha de constituir el espectáculo «nunca visto» de los trabajos agosteños. Ya era hora. No había labor campesina más dura y enfadosa que la de triturar mieses, más que por *el esfuerzo humano empleado* en la tarea, por el ambiente rudo del medio en que ésta se desarrolla: trajín de sol a sol en planicies de fuego, uniformado por chirridos de carros, campanilleos de colleras y recortes de coplas antañosas y adormecedoras.

La radio acabará con esa atmósfera mortecina y agobiante; no tardará en elevarse como milagro redentor de *mayorales*, *peones*, *agosteros* y *trilladores* que nunca soñaron con que semejante milagro pudiese llegar hasta los alijares de los pueblos agrícolas. Lo que es menester es que se pregone y extienda la utilización radiofónica que nosotros ensalzamos aquí, cosa que puede hacerse por todos y muy particularmente desde las columnas de la prensa diaria y profesional.

La *radio* en la era está demostrado que es un imponderable elemento de vida. Aquellos labriegos que por cualquier circunstancia no lo sepan, harto acreedores son a que alguien se lo manifieste.

Y aquí de las buenas almas y de las escarcelas generosas. Nunca mejor empleadas unas pesetas que en regalar los oídos de quienes durante muchos días abrasadores laboran en la noble obra de la trilla, que tiene tanto de penosa como de simbólica.

Nosotros hemos visto el pasado año, en la provincia de Ciudad Real, los efectos estimulantes de la radio al pie de las parvas. Diríase que hasta los rigores enervantes de la época se mostraban suaves con aquellos trabajadores; la emoción que les causaba la música radiada desde Madrid impedía al rostro darse cuenta de que era el punto certero de las asechanzas fébeas.

¿Qué tal estaría si las autoridades y las personas influyentes de cada localidad agrícola pensaran en la conveniencia de endulzar las horas de la trilla? A buen seguro que tal pensamiento, convertido en práctica, atraería quién sabe cuántas gratitudes.

Hoy la *radio* está al alcance de todos los bolsillos. Como elemento instructivo la radio es insuperable; como medio de distracción no digamos, ya que cumple a las mil maravillas. Si en medio de las faenas estivales del agro ponemos los acicates de la cultura y del honrado esparcimiento, habremos dado cima a la necesidad más grande y perentoria que soñaron los siglos en favor del más grande trabajo humano.

No creemos que sea necesaria la insistencia sobre el tema; él por sí solo se alaba, ¿verdad, lector? Obligación de todos es aportar nuestro grano a la causa. Empecemos por donde todas las buenas obras deben empezarse; láncese la idea y láncese bien, para que no se pierda en la indiferencia, como tantas otras se pierden.

No se trata de probar la eficacia de una ocurrencia, más o menos humorística, sino de ensanchar un beneficio contrastado, que en el Extranjero, a estas fechas, está haciendo furores.

Si, señores; la radio en la era acabará con todo lo que la era tiene de agobiador, ¿Ustedes lo saben? Pues si lo saben, procuremos no olvidarlo.

A7

«La propaganda moderna». *Radio Luz*, Madrid, n.º 1 (marzo de 1931), pp. 4 y 5. Revista de la empresa Philips. Se ha respetado la ortografía original.

Al tratar de este asunto hemos de volver necesariamente la vista al país que, no solamente creó la propaganda, sino que la ha dado el auge que hoy en día tiene, colocándola en la posición de «la primera piedra» de toda industria.

Es de gran interés, y además curioso, seguir desde su principio la ruta marcada en los Estados Unidos por este nuevo ARTE, que así se puede calificar.

Hoy en Europa están todas las entidades comerciales y grandes empresas convencidas de la eficacia de la propaganda, mas no les rinde el fruto deseado por la sencilla razón de que luchan contra un factor importantísimo que no pueden vencer sino a costa de muchos años. Este factor no es otro que «la educación del público». En los Estados Unidos este problema está ya resuelto satisfactoriamente, y el público está enseñado y entrenado de tal forma que reacciona maravillosamente con cuantas ideas nuevas le brindan constantemente los artistas de la propaganda.

Es frecuente oír en Europa que los americanos han comercializado el ARTE por la única razón de haber pagado espléndidamente a artistas que han presentado al público productos de mercado. Merced a esta habilidad han logrado una de las cosas más difíciles en cuestión de venta, viz: convencer al comprador a la vista.

En España va cundiendo, aunque lentamente, la importancia de la propaganda; mejor dicho, el anuncio. Digo lentamente, porque, a pesar de conocer su valor e importancia, no se ponen los medios para hacerla verdaderamente efectiva. Se oye decir: «para anunciar bien hace falta gastar mucho dinero, y los yankees dedican grandes sumas a propaganda». Esto es efectivamente cierto, pero no lo es menos que la cantidad que invierten en ello está siempre proporcionada al volumen de venta que desean obtener. Es asimismo verdad que en los Estados Unidos las cantidades invertidas en propaganda están a su vez subdivididas proporcionalmente en las distintas fases que comprende este ARTE.

La propaganda, para ser efectiva, tiene que ser atrayente, explicativa y educativa; además, artística en su modo.

En los Estados Unidos se ha atendido muy principalmente a estos cuatro puntos. Los departamentos de publicidad de todas las casas importantes han estudiado estas cuatro formas de propaganda de acuerdo con la psicología del público, y han llegado por este procedimiento a obtener resultados sorprendentes. Por medio del ARTE y de la atracción han explicado y educado. Una vez educado el público y enterado, ha seguido con facilidad las nuevas normas que se le han ido imponiendo. Tal verdad es este hecho, que a ningún jefe de propaganda americano se le ocurriría hoy redactar un anuncio en forma poco congruente y atractiva; emplear un mal artista para los dibujos; no procurar que en cada anuncio fuera englobado un mensaje educativo. Sabe perfectamente que si no atiende a estos puntos elementales, su anuncio equivaldrá a tirar el dinero a la calle.

En España el público está acostumbrado a ver dibujos malos, reproducciones pésimas y el lenguaje empleado en la redacción de anuncios es sencillamente detestable. No hablemos del comerciante humilde, que se tiene que redactar su anuncio él mismo. Ese comerciante debiera encontrar en los departamentos de publicidad de los diarios y revistas que utiliza, un experto en esta materia, que por su constante contacto con el público debería estar en condiciones de ayudarle, no solamente sugiriéndole ideas, pero asimismo redactándole sus anuncios. Diario que tal hiciera, vería aumentar muy sustancialmente las proporciones de sus anuncios. Falta en España, en este sentido, ayuda mutua y comprensión: «team work», que llaman los americanos, y que quiere decir «trabajo de yunta», es decir, ayuda mutua.

El comerciante grande que puede permitirse el lujo de un departamento de propaganda, por regla general mal paga este jefe y, por tanto, se coloca en situación de poder conseguir solamente una persona de escasas cualidades que nunca le rendirá el fruto deseado. Los americanos creen, y están en lo cierto, que para tener un buen empleado hay que retribuirlo espléndidamente. Este es un punto de mucha importancia en cuanto a propaganda se refiere.

De la organización de un departamento de propaganda depende el éxito del mismo. El departamento debe subdividirse en secciones, cada una de las cuales aportará el estudio correspondiente de las fases a que se dedica. A fin de hacer un análisis detallado de la importancia de la propaganda, tomaremos como ejemplo las subdivisiones que de este departamento hace una casa de mediana importancia; su departamento de propaganda está subdividido en las siguientes secciones:

1. Estudio e investigación de la psicología del público por regiones.
2. Contratación de artistas, concursos de ideas, dibujos.
3. Estudio de la situación económica de la región.
4. Educación del público.
5. Ideas, lemas.
6. Interpretaciones escolares.

De las subdivisiones anteriores se deduce que presta especial importancia al estudio y a la educación. Le preocupan muy especialmente las interpretaciones escolares; es decir, cree que el niño es uno de los métodos más eficaces de divulgación. Estudia la manera de atraerse a los niños con los infinitos medios que para hacerlo dispone sabedora de la importancia que tiene en un hogar cuanto dicen los chicos.

Podría prolongarse indefinidamente este estudio si fuera nuestra intención detallar todas las posibilidades de un departamento de propaganda. Sólo queremos hacer resaltar el hecho de que anunciar no es solamente ocupar espacio en los periódicos. Hay mucha diferencia entre un anuncio bien hecho y uno que no lo está.

«Vista parcial de los modernos estudios de la emisora de Varsovia
(120 kw.), cuyas realizaciones técnicas se deben a la casa Marconi». En
Virgilio Soria, *Orientaciones radiofónicas.*
Comentarios al Plan nacional de Radiodifusión, Madrid, 1936

FUENTES, BIBLIOGRAFÍA Y WEBGRAFÍA

AFUERA HEREDERO, M.ª Á. (2017), «1900-1924. La actitud de la prensa frente al nacimiento de la radio en España», *Documentación de las Ciencias de la Información*, n.º 40, pp. 11-29.

–(2021), «Orígenes de la autopublicidad radiofónica. Cómo vender un nuevo medio», en *Documentación de Ciencias de la Información*, n.º 44, pp. 231-239.

–(2021), *Aquí Unión Radio. Crónica de la primera cadena española (1925-1939)*, Madrid, Cátedra.

TUDESQ, A. P. y A.-J. (1982), *Historia de la radio y la televisión*, México, Fondo de Cultura Económica .

ALCÁZAR FERNÁNDEZ-TEJEDA, M. (17.12.1989), «En el 55 aniversario de la radio en Ciudad Real. Toda una vida», *La Semana*, Ciudad Real, pp. 14-16.

ALÍA MIRANDA, F. (2000), *La música en la Radio. Radio Ciudad Real EAJ 65 y sus discos de pizarra*, Cuenca, UCLM.

Archivo Histórico EA4DO. https://www.radioclubhenares.org/. Consulta 01.03.2025.

ARIAS CARDONA, J. (1993), *Guía de las emisoras de radio de toda España. Situación, alcance y horas de emisión de las mismas. Fotografías y datos biográficos de los locutores o speakers de las emisoras. Obra curiosa y de utilidad*, Barcelona, Tipografía de Juan Gutsems.

ARIZA POMARETA, J. (2019), «Imaginar la radio: Ramón Gómez de la Serna y el medio radiofónico», *Sonda*, Investigación en Artes y Letras, n.º 8, pp. 123-138.

Ayuntamiento de Ciudad Real, «Galería de alcaldes de Ciudad Real», https://www.ciudadreal.es/. Consulta 25.02.2025.

BALSEBRE TORROJA, A. y FERNÁNDEZ-SANDE, M. (2021), «100 años de radio: la fuerza de la voluntad, la voz de los pioneros», *Historia y Comunicación Social*, n.º 26-2, pp. 323-343.

Biblioteca Virtual de Prensa Histórica, https://prensahistorica.mcu.es/. Consulta 10.03.2025.

Biblioteca Virtual de Castilla-La Mancha. Centro de Estudios de Castilla-La Mancha, https://ceclmdigital.uclm.es/. Consulta 13.02.2025.

BLIN, B. (febrero de 1997), «El primer medio siglo (1895-1945). Algunos hitos cronológicos», *El Correo de la UNESCO*, París, pp. 16-21. Número dedicado a la radio con el título «La radio, un medio con porvenir».

CERRO MALAGÓN, R. DEL (04.04.2022), «Y llegó el momento de la radio (1924-1927)», *ABC Toledo*.
  –(03.05.2022), «Otras estaciones de radiodifusión en Toledo (1925-1936)», *ABC Toledo*.

DÍAZ SÁNCHEZ, L. (1997), *La radio en España. 1923-1997*, Madrid, Alianza Editorial.

EZCURRA CARRILLO, L. (1974), *Historia de la Radiodifusión española. Los primeros años*, Madrid, Editora Nacional.

FAUS BELAU, Á. (2007), *La radio en España (1896-1977). Una historia documental*, Madrid, Taurus.

FERNÁNDEZ SANDE, M. (2005), *Los orígenes de la radio en España. La competencia entre Unión Radio y Radio Ibérica (1925-1927)*, Madrid, Fragua.

GARCÍA, J. Á. (2020), *Una radio, una ciudad. Sesenta años de RNE en Cuenca*, Cuenca, Real Academia Conquense de Artes y Letras.

GARCÍA GÓMEZ, J. (1984), *Radio Toledo, 50 años de radio en Toledo (1933-1983)*, Toledo, Radio Toledo.

GARITAONAINDÍA GARNACHO, C. (1988), *La radio en España (1923-1939). De altavoz musical a arma de propaganda*, Madrid, Siglo XXI Editores.

Hemeroteca Digital. Biblioteca Nacional de España, https://hemerotecadigital.bne.es/. Consulta 05.03.2025.

HERNÁNDEZ PIQUERAS, J. L. (mayo de 2019), «Días de radio en Almansa. Historia de la radiodifusión almanseña desde los años veinte hasta la actualidad», *Jornadas de Estudios Locales. Medios de comunicación en Almansa*, n.º 14, Almansa, pp. 102-148.

Internet Archive, https://archive.org/. Consulta 03.03.2025.

MARTÍNEZ DE LA CASA, E. (2004), *De la Estación Escuela a Radio Nacional de España. 50 años de radio pública en Talavera de la Reina*, Talavera de la Reina.

MARZAC, J. (2011), *Albert Turpain. Un homme de science au service de l'homme du peuple*, París, Le Pictavien.

MÉNDEZ LEITE, F. (10.01.1925), «La misión ética del sinhilismo español», *Radio*, Madrid, n.º 10, p, 5.

MORENO BETETA, M.ª J. (agosto-septiembre de 1985), «Los orígenes de la radio en Ciudad Real. Un aniversario olvidado», *Mancha*, Ciudad Real, pp. 65-69.

–(1987), *Prensa, radio y cine en Ciudad Real durante la II República*. Ciudad Real, Diputación Provincial.

Onda 0 Toledo (2002), *70 Aniversario Radio Toledo Onda Cero*, Toledo, Onda Cero Radio.

–(2009), *Setenta y cinco años de historia. EAJ-49, la voz de Toledo en el mundo, 1934-2009, de las galenas a los receptores digitales*, Toledo, Onda Cero Radio.

PEDRERO-ESTEBAN, L. M.; MARTÍNEZ-OTÓN, L.; MORENO-CAZALLA, L. y TEROL-BOLINCHES, R. (coords.) (2024), *Cadena SER: 100 años de radio. Una mirada (retro)prospectiva desde la Universidad*, Valencia, Sociedad Española de Radiodifusión y Tirant Humanidades.

PÉREZ PUJOL, R. (1936), *Anuario de la radio 1936*, Barcelona.

RODRÍGUEZ CENTENO, J. C. (2021), «La industria de la radio española en sus orígenes. Una visión a través de la publicidad en la revista *Ondas*», *Revista Internacional de Historia de la Comunicación*, n.º 17, pp. 135-156.

RUIZ-RAMOS GARCÍA-TORIBIO, I. (2004), *El primer medio siglo de radioafición en España*, Tesis doctoral. Universidad Complutense de Madrid.

SÁNCHEZ DE LA ROSA (2002), *La Decana. Historia y anécdota de E.A.J. 44 Radio Albacete (SER)*, Albacete, Diputación Provincial de Albacete.

SÁNCHEZ SÁNCHEZ, I. (20.01.1995), «Las primeras emisoras en Castilla-La Mancha», *Lanza*, Ciudad Real.

SORIA MONTENEGRO, V. (1935), *Historia de la Radiodifusión en España*, Madrid, Imprenta Martosa.

–(1936), *Orientaciones radiofónicas. Comentarios al Plan nacional de Radiodifusión*, Madrid, Imprenta Martosa.

Unión de Radioaficionados Españoles (URE), https://www.ure.es/. Consulta 01.03.2025.

URGOITI SOMOVILLA, R. (15.11.1924), «Cuatro años de radio. Conferencia radiada por *Radio-España* el día de su inauguración», *Radio*, Madrid, n.º 2, p, 11.

VENTÍN PEREIRA, J. A.; RODRÍGUEZ BARBA, D.; FERNÁNDEZ SANDE, M.; y PEINADO MIGUEL, E. (2000), *1924: el nacimiento de la programación radiofónica en España*, Madrid, Editorial Temas Radiofónicos.